中国におけるモンゴル民族の学校教育

ウルゲン 著

佛教大学研究叢書

ミネルヴァ書房

はじめに

　私は中国の内モンゴル（南モンゴル）自治区に生まれ育ったモンゴル民族（人）である。家族とともに日本に来て十余年になるが，その前は内モンゴル自治区烏拉特中旗モンゴル民族中学校で，母語（モンゴル語）の教師として13年間勤めていた。
　モンゴル草原には，厳しい自然や動物とともに暮らすための独自の知恵や文化がたくさん伝わっている。しかし中国内の民族学校は，その伝統文化を子どもたちに伝える場ではなくなっている。中国には，漢族を含めた56の民族があり，「中国的特色」「多元一体」を理想にすえた教育政策の結果，教育の現場は漢文化が主流となっているためだ。
　また2000年から，「禁牧政策」という環境保全政策が中国で行われ，内モンゴル自治区では従来の放牧生活を続けられなくなった人や，慣れ親しんだ土地を去り貧困に苦しむ人が増えた。そうして，未来に希望が持てずアルコール依存に陥る人も問題になっている。
　大変残念ながら現在のモンゴル民族学校では，民族独自の文化に誇りを持てない風潮が生徒や教師の間に起きている。私が勤めた民族中学校には，高校入学試験で盟（市）下1位の成績をとった少女がいた。しかし彼女は栄養失調で倒れるほど家庭が貧しく，周囲の助けも得られないまま，結果的に，進学ができなかった。教師として大変つらい出来事であった。

　私が今回日本の大学で研究課題に選んだのは，やはりそれまで体験した内モンゴル民族学校の教育であった。あらためて多くの文献や資料を読み，中国における少数民族教育での現状と課題を探ったのが本書である。
　日本ではあまり知られていないが，日本とモンゴルとは古くから教育文化

のつながりがある。モンゴルの王族が日本訪問を機に，1903年に日本モデルの女子学校をモンゴル草原に創設している。

　それから百余年を経た現在，教育の大きな目標は，モンゴル人はもちろんどの民族にとっても，社会を牽引していくリーダーが育ってくれることであろう。

　モンゴル文化と漢文化を比較研究すると，モンゴル文化の優れている面も当然ながら見えてくる。それを誇りとし，励みとすれば，中国56民族の中でも優れた民族として，世界に立ち向かう精神力ともなる。そこにおいては，モンゴル文化人たちの責任も重大である。実は，内モンゴル人だけではなく，世界中のモンゴル人，モンゴル文化を愛する人々が力を合わせ，何をするべきかという精神的支柱となるフィールドをつくる必要がある。

　また，日本と中国についても比較研究することにより，日本の伝統文化教育の中にある，中国の少数民族伝統文化を発展させるうえで役に立つ理論と具体的方法を見つけ出し，少数民族の自立発展・アイデンティティ（自己同一性）確立に向け，いささかなりとも貢献していきたい。そして，今後の社会変化に合わせて生きていくだけではなく，教育を通して視野を広げていく若者たちのために，本書がその一助となれば幸いである。

　最後に，本書の出版に際しては佛教大学研究叢書の助成を受けている。同大学大学院の田中先生・山崎先生・竹内先生とゼミの皆様に大変お世話になった。あらためてお礼を申し上げたい。また，これまで私を支えてくれた家族にも感謝を表したい。

　2014年冬

　　　　　　　　　　　　　　　　　　　　　　　　　　　ウルゲン

中国における
モンゴル民族の学校教育
目　次

はじめに

凡　例

序　章　「中華民族多元一体構造論」の現状 …………………… 1
　　第1節　民族学校教育に内在する諸課題　1
　　第2節　外国の研究者による先行研究　9
　　第3節　研究方法　11
　　第4節　今後の課題　13
　　第5節　本書の特徴と主たる論点　14

I　モンゴル民族における文化の変遷

第1章　仏教がモンゴル民族に与えた影響 …………………… 25
　　第1節　モンゴル人と仏教の関係　25
　　第2節　モンゴル仏教の僧侶教育　32
　　第3節　民族教育に与えたモンゴル仏教の影響　37

第2章　内モンゴルにおける民族の近代教育 …………………… 43
　　第1節　貢親王による民族文化復興運動　43
　　第2節　貢親王の人間観・教育観の背景　45
　　第3節　貢親王の日本訪問と教育改革　49
　　第4節　近代的学校制度の確立　54
　　第5節　貢親王の教育による民族救済の意図　58

第3章　中華民国期における民族教育 …………………… 65
　　第1節　中華民国期における民族教育　65
　　第2節　内モンゴル自治運動期における民族教育　68
　　第3節　徳王の実施した学校教育　70

目次

第4章　実態調査からみた民族意識と民族教育の課題 …… 77
- 第1節　民族意識に関する実態調査　77
- 第2節　実態調査の結果　80
- 第3節　内モンゴルにおけるモンゴル人の民族意識　87

Ⅱ　新中国における少数民族の教育政策

第5章　少数民族意識と政治の背景 …………………… 93
- 第1節　中国の情勢——1922〜1957　93
- 第2節　「国家・国民」意識の形成における変遷——1988〜2000　98

第6章　中国における義務教育制度 …………………… 105
- 第1節　義務教育の変遷　105
- 第2節　内モンゴルにおける義務教育の成立　108
- 第3節　2006年の義務教育改正法　115
- 第4節　義務教育の課題　118

第7章　素質教育の諸問題 ……………………………… 125
- 第1節　素質教育改革の発展過程　125
- 第2節　子どもと保護者の望み　133
- 第3節　素質教育改革と社会の現状　136

Ⅲ　内モンゴル自治区における民族学校の教育

第8章　民族学校教育とアイデンティティの形成 …… 145
- 第1節　少数民族学校にみるアイデンティティ阻害要因　145
- 第2節　寄宿制学校のカリキュラム　148
- 第3節　内モンゴル自治区における民族教育の実態　153

v

第9章　中国における思想道徳教育 …………………… 165
　　第1節　思想道徳教育の展開　165
　　第2節　全日制五年制小学校のプログラム　170
　　第3節　生徒たちへの思想道徳教育の実施状況　175
　　第4節　思想道徳教育と社会生活　178

終　章　独自文化を尊重した多元一体の社会へ ………… 185
　　第1節　3つの課題　185
　　第2節　多元一体の和諧社会をめざした改善案　188

引用・参考文献　193
参考資料　201
　　「内モンゴル自治区・モンゴル民族の意識に関する実態調査」アンケート様式
　　中国の教育制度関連年表
索　引　213

凡　例

1）本文中でのモンゴル人の名前は，中国での当て字（漢字）で記載した。
2）人名については，初出の際に，できる限り生（没）年を記した。
3）年代表記について，基本は西暦表記としたが，必要に応じ括弧内に中国年号も付した。
4）引用文書について，モンゴル語で書かれた資料は，内モンゴル自治区で出版する通りに翻訳した書名をそのまま記載した。
5）本文中の内モンゴル自治区の行政単位は，下の図の通りである。内モンゴル自治区では，清朝からの行政単位ガチャ（村）・ソム（郷）・旗（県），盟（市）をそのまま使用している。それぞれ日本の村・町・市に当たる。

中華人民共和国行政区（内モンゴル自治区行政）

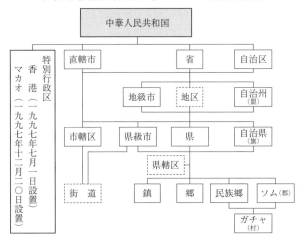

中華人民共和国と内モンゴル自治区地図

序　章
「中華民族多元一体構造論」の現状

第1節　民族学校教育に内在する諸課題

　55の少数民族を抱える中国にとって，国家統一のため，あるいは国家発展のために，少数民族政策はきわめて重要な課題の一つである。一方，中国の少数民族にとって，少数民族学校での教育は，民族の自立発展，個々人のアイデンティティ（自己同一性）の確立にとって不可欠である。それは伝統文化を学び，継承し，発展させ，民族意識を培う上で，あるいはその時代その時代の社会に適合していくためにも重要な役割を占める。

　その中国における，共産党成立以降の少数民族教育政策に関していえば，歴史的経緯と残された公文書からみると，一貫して民族の言語をはじめ，文化的独自性を重視しながら行われるべき教育である，と宣言されている。中国では，1988年に費孝通（1910〜2005）の「中華民族多元一体構造論」の考え方の下[1]，中国中央政府が「多元一体」のバランスのとれた，「和諧社会」（2004年中国共産党が発表した，各階層間で調和の取れた社会を目指すというスローガン）を創出すると唱えた。

　中国における少数民族地域の多くは辺境地域に位置し，地理的・宗教的・文化的・経済的な制約・影響を受ける中で，学齢前の子どもたちが受ける教育は，家庭や地域社会による長年培ってきた伝統的教育が主であり，民族文化の大きな影響下で子どもたちが育っている。

　学齢期になると少数民族地域の子どもたちは親元から離れ，寄宿制民族学校で集団生活をおくりながら教育を受けることになる。しかし，少数民族地

域の学校で育った子ども・若者の多くは，残念ながら中国社会の急激な近代化への変化にうまく適合できておらず，筆者の行った調査によると，民族学校で「教育を受けたにもかかわらずその生活は依然貧しく，アルコールに依存する者の数さえ増えている」というのが現状である。さらには，「モンゴル語で話すことは恥」，「現下の中国における就職難の厳しい環境の中でせっかく就職できたとしても，現在および今後の自分に自信がない若者が多くいる」などのアイデンティティの形成不全に陥っているという事実が浮かびあがってくる(2)。

アイデンティティとは，「自分は何者なのか」「どんな仕事についたらよいのか」「社会の中で自分らしく生きるにはどうしたらよいのか」といった問いを通して，自分自身を形成し，「これこそが本当の自分だ」という実感を心の中に保持しているという概念である。そのアイデンティティが自己の内面でうまく確立されないと，「自分が何者なのか」「何をしたらよいのか分からない」というアイデンティティの混乱による危機に陥る(4)。

中国で行われている少数民族学校教育の代表校の一つ，内モンゴル自治区モンゴル民族学校における教育内容は，漢族学校における教育を標準モデルとしている。数学，物理，化学，生物などはもちろんのこと，民族的特徴をもつ思想道徳，歴史の教科書ですら，漢民族の中で育まれた文化がモンゴル語に訳されたものとなっている。モンゴル文化の中で書かれた教科書は，モンゴル語（母語）の教科書だけである。しかし，「一綱一本制（国定教科書）」と「審査制度」などの影響を受けて，モンゴル語以外の教科書で民族的色彩をもったものは未だに作成されるに至っていない。

そして歴史教科書の中では，少数民族の名前を記録した漢字には「犭」，「女」偏などを用いている。これらは野蛮，遅れなどの意味を表す漢字で，少数民族に対して民族差別があることがはっきり分かる。また中原地域を侵略した歴史が語られ，少数民族の歴史は中華民族の歴史教育の中では敵人史であり，少数民族を輝かしく表している歴史教科書は，小学校から大学校までほとんどないのが実情である。

また同時に社会主義革命以後，1988年の「中華民族多元一体構造論」が提起されるまでの間は，「統一」的な中華民族にむけた教育が行われた。その中には，漢族は少数民族より優れているという考えを浸透させるため，「中華民族には5000年の歴史がある」、中国56の民族は全て「炎黄の末裔」であるとか，モンゴル民族学校で採用されている教科書『思想政治』の中の人格・価値観に関しても，中国の四大著書の人物の物語を例として多くとりあげられ，「孔子もモンゴル民族の偉大な祖先になる」など，少数民族の歴史・伝統文化がゆがめられて教えられており，これらの影響により，自分のアイデンティティについて思い悩み，自己不全に陥っている者も少なくない。

　そういった諸々の原因により，内モンゴル自治区のモンゴル人の中に，「モンゴル人」というより，「中国人」という意識を強く持った人たちが急速に増えてきている。内モンゴル自治区教育庁の統計によると，1996年の少数民族の子弟が自分の民族言語で教育を受けている割合は61.7%であったが，わずか8年後の2004年には39.3%となっている。

　さらには少数民族の若者の間で，自文化を劣っていると考える傾向が強まっている。この問題について，内モンゴルのモンゴル人の若者や子どもたちのアイデンティティの形成は揺らぎを余儀なくされたが，筆者のアンケート調査結果も含めて，今日のモンゴル族の子ども・若者の自民族文化に関する意識の実態が分かる。

　筆者は来日以来これまで数回，内モンゴルに帰り，「多元一体」という政治政策下に教育を受けたモンゴル民族の民族意識に関する実態調査を行ったが，こういった内モンゴル自治区におけるモンゴル民族を対象とした意識調査は前例がなく，これらの調査により，モンゴル民族の民族意識を詳らかにすることができた。

　また一方で中華人民共和国憲法はこれまで4回改正されたが，民族政策における「民族の分離を認めず」「統一した多民族国家」「民族区域自治政策」の三大基本目標だけは現在に至るまで一貫して少しも変わっていない。

　こうした歴史的背景に基づく，中国の少数民族学校において今日でも行わ

れている「中国的特色ある社会主義国家[13]」という教育理念の下に進められる少数民族教育が,「モンゴル語で話すことは恥」と考える若者の増大をもたらしている現状からみると,「多元一体[14]」の理念に合致しているのかどうかの疑問を抱かざるを得ない。中央政府の提唱する本来の民族教育は,少数民族自身が,中国人であるけれども,同時に自民族としての誇りを持ち,自民族の文化を生かす次世代を育てる教育である。

本書では先行研究および筆者が実施した民族意識の調査に基づき,今日の少数民族学校の教育において,何が民族としてのアイデンティティの形成をいかに阻害しているのか,実証的研究を通してそれらの諸課題を詳らかにし,具体的改善策を論究する。

1 中国における「多元一体」論

中国における「多元一体」理論はマルクス,レーニン主義思想の下につくりだされたが,それらが教育現場で実施されるようになった経緯について述べる。

中国における少数民族教育は,歴史的経緯と公文書からみると,民族の言語,文化の独自性を重視しながら行われる教育である。先にも述べたが,55の少数民族を抱える中国にとって少数民族政策は,国家統一のためきわめて重要な課題である。中国共産党は,1931年に中華ソビエト共和国憲法大綱の中に「国内の各民族は一律に平等である[15]」と規定したとおり,民族教育を重視し,すでに日中戦争時期の1935年12月20日に,毛沢東(1893~1976)は中華ソビエト中央政府を代表し,「35宣言(中華ソビエト中央政府対内蒙古人民宣言)[16]」を出していた。そこでは,内モンゴル地域におけるモンゴル民族の権利を承認し,各民族は平等であり,日本からの侵略に団結して抵抗することを提唱した。革命本拠地である延安に民族学院を創設し,少数民族幹部の教育を実施した。そして中華人民共和国の建国後も,少数民族地域に多数の民族学校を建設し,民族の独自性を尊重しながら教育を行うよう配慮した。

中国では1986年に義務教育法が成立した。初めて9年間の初等教育,前期

中等教育を義務づけた。法律は全18条から成り、10条では無償教育を、11条では保護者が子どもに規定の年限の教育を受けさせる義務、児童労働の禁止、16条では体罰の禁止などが謳われている[17]。

中華人民共和国教育法の第1章の第1条に「教育事業を発展させるため、全民族の素質を高めるため[18]」と書いている。ユネスコの「教育における差別を禁止する条約」(1960年採択、1962年効力発生)の第4条(b)では、「教育基準が同一の公立の教育施設においてはすべて均等であり、かつ授けられる教育の質に関する条件もまた均等であることを保障すること」と規定され、また第5条(c)でも「国内の民族的少数者に属する者が、自己教育活動(学校の維持、及び、各国の教育政策のいかんによるが、自己の言語の使用又は教授を含む)を行う権利を承認することが肝要であること」と記述されており、これは少数派こそが、真に平等な教育を受ける権利が必要とされるためである[19]。1960年の「世界人権宣言」の「人種差別撤廃条約」で「教育における差別を禁止する条約」の第5条(c)「国内の民族的少数者に属する者が、自己の教育活動を行う権利を承認することが肝要であること[20]」という条約と合致させている。

上記のことから中国における「和諧社会」は、「中国人」というアイデンティティの枠組の中に各少数民族のアイデンティティ(文化)の価値を尊重し、一方の民族の中に呑み込まれるのではなく、各民族が平等に発展することを望んだ社会背景がある。

しかし実際は、「大漢族主義」は社会基底にたえず存在している。1988年に中国の社会学者費孝通が「中華民族多元一体構造論」の中で述べた「歴史的にみると、中国領域で生きてきた漢民族および諸民族が交流・混血・融合を繰り返す中で中華民族を構成してきており、その凝集的核心をなしてきたのが漢族である」との種族主義の考え方に基づいた「多元一体」という中国的考え方は「大漢族主義」に理論的根拠を見出したものである。

1949年に社会主義中国が成立してから1993年まで教育部は7回にわたりカリキュラムの全面改革を行ったものの、全国的な統一カリキュラムを通じて

イデオロギー教育の強調，知識伝授中心の教育方法，全国統一大学入試などの特徴は変えなかった。このことは，各民族の独自性を軽視している。中央集権的な教育運営を保障するため，教育部は1950年代に教育部直属機関として人民教育出版社を設立し，カリキュラム改革や教科書編集・出版を独占し[21]，漢族中心教育を志向した。

1999年から3年間にわたりカリキュラムの制定を行った教育部は，2001年に「基礎教育課程実施要綱（試案）」と義務教育段階の18科目の課程標準を公表し[22]，「思想道徳教育」を強調した漢化政策をより推進していく。

徳育に関しては，1982年5月19日に国家教育部が「全日制五年制小学校思想道徳課程プログラム」を策定し，これが理論的基礎になっていて，幼い頃から子どもに社会主義は正しいと思わせる影響を与え，社会主義の「担い手（接班人）」としての意識を植え付けようとしている。

小学校のモンゴル語と中学の歴史カリキュラムを見ても「思想道徳教育」を目的として決定されたものであることが分かる。しかし，教科書の内容にモンゴル民族の今日の生活状況や変化に関する記述は見当たらない。

毎週月曜日の朝，体操の時間には国旗を揚げる儀式が行われ，子どもたちに中国共産党と社会主義を守り，その後継者になるよう一生懸命頑張るというような宣誓をさせる。それは子どもたちに愛国心を植え付ける重要な教育の道であり，国旗を揚げることによって子どもたちが志を立てる人になると位置づけている。

1981年から2003年まで教育部「全日制学校の民族小中学校の漢語教育プログラムに対する通知」により3回漢語教育が変更された[23]。

1986年10月29日，「全国蒙古語教材審査委員会に対する国家教委の認定」〔86〕教民字020号を発表し，1997年6月25日「全国大学，専門学校（師範専門学校）のモンゴル語教材を審定委員会に対する国家教委の認定」とすると発表した[24]。従来はモンゴル語の教科書は，内モンゴル自治区で採択されていたが，それ以降国家認定が必要となった。

2003年12月10日，内モンゴル自治区教育庁はモンゴル語・朝鮮語で授業を

受けている進学生に対して試験を受ける課目と採点する弁法（公的な採点方法）の補充通知を出した。これによって「中国少数民族漢語レベル等級試験（MHK）」に参加し，成績を漢語試験成績に換算し，後に大学入試の総得点に算入することができるという少数民族に対する不利な制度が2004年に始まった。[25]

また，学校教育の中では，内モンゴル「内人党」[26]事件などの少数民族の悲惨な歴史は，学校教育の中で教えられていないのが現実である。もしそのような事実を記載すれば，中華人民共和国刑法第4章249条により処罰されることにもなるからである。

以上から見ると，全国の各少数民族の子どもたちが平等に教育を受けるチャンスが与えられているようであるが，実は，少数民族地域の日常生活で身につけた文化と授業内容との間には大きなギャップがあり，それが大きな問題をもたらしているのである。中国中央政策が強く主張された「国」の発展に重きを置いた「一体」への志向は，はたして地域の少数民族（先住民）の利益を保証しているのか，また少数民族の伝統文化を尊敬しているのかという観点からすると「多元」の尊重と「一体」の維持がうまくなされているかの疑問が生じる。

2　「中華民族」と「中国人」

1901年には，梁啓超（1873〜1929）は「民族」と「中国」の概念を結びつけて「中国民族」という用語を造語し，さらに1902年には「中華民族」概念をも提起した。その後，徐々に「国家」の概念を生み出し，1905年の中国同盟会の成立時には「民族，民権，民生」の三民主義を唱えるようになる。しかしそれでもその「国家」観念は，辛亥革命以前には「漢人中心の国家」の枠を出るものではなかった。しかし，辛亥革命を経て「民族」概念と「国家」概念が成熟するにつれ，「滅満興漢」の民族主義的傾向が強かった孫文（1866〜1925）が，「五族共和」（漢・満・蒙・回・蔵による共和）を掲げつつ「中華民族」の形成を唱えた。[27]アジア初の共和国である中華民国の臨時大統領となっ

た孫文は，1912年1月1日の「臨時大総統就任宣言」で「国家のもとは人民にある。漢・満・蒙・回・蔵の諸地を合わせて一国とし，漢・満・蒙・回・蔵の諸民族を合わせて一人とする。これを民族の統一という」と発言している。梁啓超と孫文はともに，「中華民族」を近代「国家・国民」の担い手となり得る「国民」概念に匹敵するものとみなしていた。

1935年12月20日に出された「35宣言」は，新中国成立後，全ての少数民族自治区（地域）を取り扱う指導方針の理論的根拠になった。

中国の経済発展に伴って，それまでの「国民」が国内移動する際に政府の「紹介書」という許可書が必要であるという時代は終わった。1985年9月6日第6期全国人民代表大会常務委員会第20回会議で採択され，同日，中華人民共和国主席令第29号により公布，即日施行された「中華人民共和国居民身分証条例」である。戸口（住民票）制度を改め，「中華人民共和国居民身分証」を持ち，国内で自由に移動・移住することができるようになった。これは一面では民主化の促進をもたらしたが，他面においては，漢族が少数民族の地域に移住・浸透し，「離れてはいけない三つ」[28]という社会システムが短期間で構築された。

それは，中国中央政府にとって，「民族大統合」ができたと，少数民族地域に漢化圧力をかけ，周辺国々に対して「核心的な利益圏」をつくることになった。

「世界中国」という目的のために，「西北大開発」を発展させるとともに環境破壊の代価のもとに，中国は現在の発展を維持しているのは事実である。そして，何事でも政治と結び付けて考える中国では，小中学校教育においても「国の利益最優先」（国家利益高于一切），「国のために個人の利益は控えよ」（舍小家，顾大家）という主張が通底している。

そして「中国人」という概念は，現代中国により全ての中国国民が国家に対して抱いているアイデンティティを表現するものになり，「中華民族」より「中国人」という言葉が使用されている。しかし，モンゴル族やチベット族などの比較的大きな民族集団は，独自の言語・歴史・宗教・文化を持ちな

がらも少数民族として認知され，同時に「中華民族」へと組み込まれたわけだが，彼らのアイデンティティはどのようなものであったのだろうか。

中国人は主要民族である漢民族と他の55の少数民族から構成されている。しかし地理・人口・人種・宗族・国籍あるいは法律・政治的立場により，中国人という概念の意味が異なる。モンゴル族・チベット族・ウイグル族・台湾人なども，この意味で中国人であるが歴史的経緯から中国人と呼ばれることに抵抗を持つ者は当然ながら少なくない。

第2節 外国の研究者による先行研究

中国における先行研究では，これまでの少数民族教育が児童・生徒の知能や潜在能力の阻害，あるいは漢語教育重視の中で少数民族の母語・文化の軽視，またアイデンティティ確立の脆弱さを惹起しているなどとの指摘がなされている。

これまでの内モンゴル自治区の民族教育政策に関する研究は，主として中国内の研究者たちが内モンゴル自治区で行われている教育について詳述するのではなく，共産党の指導の下，中央政策のおかげで内モンゴルの教育は今のレベルに発展したという観点で，触れているにすぎない。

しかしながら，内モンゴル自治区のモンゴル民族の教育の現状やその問題点を課題にした研究は，ごく最近になって，外国人研究者と交換研究員（留学生）を中心に徐々に始まりつつある。

以下では代表的な論文3点を取り上げ，その特徴と限界について述べる。この結果，少数民族教育に関する研究では主にその理念や教育の現状が注目されるようになる。

まず第一に，ハスエリドンは，「中国少数民族地域の民族教育政策の理念と民族教育の問題」(29)において，中国の「特別な優遇施策」が少数民族教育にどのような影響を与えたのか，そして少数民族の教育事業がどのような発展を遂げたのか，一方，国の「国民化」を目指した統合教育政策が少数民族教

育にどのような影響をもたらしたのか，さらには「統合」のメカニズムが，少数民族教育の現場でどのような影響を与えているか，という視点から問題を提起している。

彼は，「優遇政策」と「統合政策」の下におかれる少数民族教育が，その発展の矛盾をすでに示していることを考察するため，学校教育における「二言語併用教育政策」と「思想道徳教育」に言及しているが，子どもの自由な民族意識の成長を妨げている「多元一体」政策と「国家・国民」という理念が，人々の考え方までコントロールしていることを具体的に明らかにできなかった，と筆者は考える。

第二に，ハスゲレルは，「中国におけるモンゴル民族教育の構造と課題——教科書分析を中心に」(30)において，モンゴル民族小中学校で使用されている母語（モンゴル語）と歴史教科書を分析し，教育内容のあり方を検討した。そしてモンゴル民族学校での民族のアイデンティティの育成について，1980年代後半から教科書編纂制度改革が進められ，この20年間の改革には民族学校用の教科書に，文化史，民族史の内容が少ないことが課題であることを示した。

中国では，教育は政治とつながり，「思想道徳課程教育」は社会主義精神文明を育て，共産党の教育方針を貫徹させ，共産主義思想を啓蒙するための重要な手段の一つである。小学校では週に2時間課程，中学校では3時間課程として行うことを決定している。それが子どもたちに社会主義教育をする理論的基礎になって，子どもたちは毎日幼い頃から社会主義の正しい影響を受け，社会主義の「担い手」（接班人）としての意識をもつことになるとされる。それが各課目に浸透し，国語（モンゴル語）と歴史教科書より道徳課程教育を受けた子どもたちは，本来もっていたアイデンティティを忘れ，性格や人間関係も変わってしまう恐れもあるとハスゲレルは述べている。

第三の論文の市瀬智紀は，「中国少数民族のバイリンガル教育の概観——その教育モデルと実践」(31)において，1980年以降，少数民族に対するバイリンガル教育（中国でいう「双語教育」）が，増大していることの是非を論じてい

る。

　欧米のバイリンガル教育方法と，中国少数民族のバイリンガル教育の方法を比較研究し，中国のバイリンガル教育において漢字の習得を重要な目的としていることが，少数民族語と多数派言語を学習する割合によっては，同化を目的とする教育にもなることを述べているが，中国少数民族教育の特徴を全面的に表せなかったと筆者は考える。

　しかし，筆者の私見によれば，「優遇政策」が実施されているにもかかわらず，内モンゴル自治区のモンゴル民族教育が衰退に陥り，少数民族伝統文化の教育が厳しい状況に直面するという矛盾が生じている。それは「主流民族の文化と少数民族の文化の衝突」(32)というのが主たる原因ではなく，「中国人」という愛国教育，「国家・国民」という観念の下に推し進められた政策の結果であると考えられる。

　そこで，内モンゴル自治区におけるモンゴル民族伝統文化の継承・発展という視点から，学校教育のカリキュラムを精査し，「中国的特色ある社会主義国」と「多元一体」の政策が，学校教育を通して，子どもたちの日々の生活の中にどのように浸透しているか，「国家・国民」という概念が人々の考え方に，どのような影響を及ぼしているのか，さらには筆者の行った調査と併せ，子どもたちのアイデンティティの形成をたしかに阻害しているか，といった現状を詳らかにすることを目的として，本書の論考をすすめていく。

第3節　研究方法

　「中国人」という概念は，現代中国において全ての「国民」が国家に対して抱いているアイデンティティを表現するものとされている中で，内モンゴルのモンゴル人がモンゴル人というアイデンティティを保持していくことは大変なことである。そしてそれは，「文化の媒介者」(33)としての教師であるモンゴル人教師たちが今日直面している重大な課題である。

　本書では，主として中華人民共和国（新中国）成立（1949）以降，公表され

た少数民族教育政策と具体的な教育カリキュラムを整理・分析する。少数民族教育に関する国務院決定，政策文書，報告書などを特に重視したのは，少数民族に対する学校教育の義務化の一方，学校教育全般における漢民族支配のイデオロギー貫徹の歴史を明らかにするためである。そしてその中核にある社会主義理論（無神論）に基づいた，「思想道徳教育」（政治思想教育）なる「中国的特色ある」「多元一体」という教育論の解明に不可欠な資料であるからである。

モンゴル民族の教育歴史から内モンゴル自治区における民族教育の発展してきた理由を見つけるために，『元史』，『清史稿』，札奇斯欽『私の知っている徳王と当時の内モンゴル』（中国文史出版社，2005）などの歴史資料や，先にあげた国務院決定，政策文書，報告書などの資料が重要な位置を占める。さらには，実際に教育関連機関，教育現場の経験，保護者などへの聞き取り調査による一次資料をも重視する。

筆者はこれまで，たびたび内モンゴルに帰り，「多元一体」という政治政策の下に教育を受けたモンゴル民族の民族意識に関する実態調査を行ったが，こういった内モンゴル自治区におけるモンゴル人を対象とした意識調査は前例がなく，これらの調査により，モンゴル民族の民族意識を詳らかにすることができた。そこで得られた調査結果は，本書における筆者の研究を特色づけるものとして重きをなすものである。

モンゴル民族の近代教育に関する資料の多くは日本語で書かれており，内モンゴル自治区よりも日本に多数存在する。その中で1902年，モンゴル草原に最初の近代学校創立当時，教育顧問であった河原操子の著書『カラチン王妃と私』[34]の中に，当時の学校制度，特色などがつぶさに書かれた資料を新たに発掘した。それらの資料を精読することにより，内モンゴル自治区における民族教育の発展・目的をその歴史から明らかにしていきたい。

また中国の少数民族学校教育のモデルとなっているのは，内モンゴル自治区における寄宿制民族学校教育である。その寄宿制学校教育に焦点を当てることを通して，1988年に始まった「多元一体」の論点と，愛国主義キャンペー

ンに活用されている民族教育の指導方針，1992年10月20日の「全国民族教育発展と改革指導要綱（試行）」，1999年から始まった「素質教育」[35]と「伝統文化重視」[36]などの教育政策の本質を見ていきたい。

　次に，本書ではこれらを通して，ユネスコの「教育における差別を禁止する条約」と「多文化教育の世界的潮流」という理念の下，人間が生きていく上で根源的な意味を持つアイデンティティの確立に関して，中央政府の政策下にある少数民族学校教育のもつ内在的要因を分析し，その教育の何が少数民族の次世代のアイデンティティ確立を阻害しているのかを明らかにしていく。とりわけ，今日の内モンゴルの民族小中学校で使用されているカリキュラム・教科書（思想道徳・歴史・社会）などの具体的内容から，少数民族の子どものアイデンティティを阻害している要因について論証する。

第4節　今後の課題

　本書では先行研究および実施した民族意識の調査に基づいて，今日の民族学校における教育が民族としてのアイデンティティの形成をいかに阻害しているかを実証し，中国憲法の精神に則りすべての少数民族教育がいかに必要であるかについて論究する。

　中国中央政府教育部における「一綱一本制」と「審査制度」の影響で，学校教育の中で，自民族の伝統文化を教えることが困難になってきている。自らが少数民族であり文化の伝承者であるモンゴル人教師たちが中心となって，インターネットを利用し，自民族伝統文化を学ぶ「人と文化のネットワーク」[37]をつくり，教師たちが学び合い，親たちが学び合い，学校教育の中ではできないことを家庭教育・社会教育からできる可能性がある。

　今日は，インターネットが力を発揮している新しい時代である。しかし自分の意見を自由に発表できるインターネット上では，自らを文化人と自認している人ほど，われわれモンゴル人の現状，中国の社会発展現状について，自民族文化を守り発展させようという問題意識が低く，あるいは精神的に絶

望し，モンゴル人同士の間の口論だけで終了することが多い。もちろんモンゴル部族間の衝突，政治圧力，主流文化浸透などの原因が，モンゴル人の団結性に著しく影響をもたらしているのも事実である。われわれモンゴル人が，世界舞台の中で今日まで生き続けていることは，モンゴル人の優れた文化，団結性，負けてはいけないという精神力や忍耐力が，モンゴル人を支えてきたことが大きい。今後はそれぞれの民族の発展や調和における民族教育の実現に向けて取り組んでいくことが不可欠である。

中国における政治的圧力，競争社会，人種（民族）差別などの厳しい社会に呑み込まれないためには，漢文化も学び研究する必要がある。それは同化するためではなく，民族として生き続けるためである。

文化は人間が創造してきたものであり，「文化とは生き方」である[38]。したがって民族文化は，大きく変化していく世界に立ち向かい，民族が発展していく原動力を形成する礎である。

少数民族学校教育で必要なことは，まず55の少数民族と漢民族を対等に扱い，学校教育，入試制度においても実質的平等を確立することである。そのことにより，漢民族の文化と各少数民族の伝統文化を融合し，「国家・国民」としての文化を創造することができ，まさに「多元一体」の「和諧社会」が実現できるのである。そのために，本書の終章では民族学校教育に関して以下3つの改善点を提起した。

①正しい少数民族の歴史・文化の伝達，②少数民族学校数の回復，③各少数民族の独自の歴史・文化を伝える各少数民族に向けた教科書の作成，である。

第5節　本書の特徴と主たる論点

本書では，これまでの先行研究ではあまり触れられていない「中国的特色ある」「多元一体」という理想とすべき優れた基本方針と，少数民族学校における実態との乖離点について実証的に論究した。

中国における55の少数民族は全人口の約10％を占めるに過ぎないが、実数は1億人にも及び量的には決して「少数」ではない。現在の中国において、この55の少数民族の国家への統合をめぐる民族問題が、中国政府を悩ませる政治問題として浮上しつつある。

　本書の柱としては、まず55の少数民族と漢民族を対等に扱い、学校教育、入試制度においても実質的平等を確立することが大切であることを述べる。その前提があってこそ、漢民族の文化と各少数民族の伝統文化を融合することが可能となり、「国家・国民」としての文化を創造することができ、まさに「多元一体」の「和諧社会」が実現できるのである。

　筆者は本書への取り組みを通して、中国における少数民族教育の中から、多くの教育の原点に関わる示唆を具体的に得た。中国における少数民族地域は、地理的・宗教的・文化的・経済的な制約・影響を受け、個々の特徴を持つそれぞれ伝統文化が形成されてきた。国民資質を高めるためには、それぞれ民族文化を大切にしつつ、個々の具体的現状に基づいた教育が必要である。そのことを通して、中国における「多元一体」「和諧社会」が実現でき、この要素を重視することにより、各民族の子どもたちが、自信と誇りをもって学ぶことを実証的に示したい。

　序章では本書の目的を提示するとともに、これまでのこの分野における研究動向、すなわち先行研究を整理、分析し、そこから導かれる具体的な課題を提示した。また、本研究の中心テーマである「我が国は多民族社会主義国である」の理念が民族教育の中にどのように浸透しているか、「多元」の尊重と「一体」の維持について、中国の「多民族社会主義大国である」政策の歴史的展開をもとに説明した。さらに、研究方法、研究の構成についても言及した。

　第1章から終章までの、各章における主たる論究点は下記の通りである。
　モンゴル民族は、生存する自然環境に適応する中で、独特な草原文化あるいは遊牧文化を生み出した。そのモンゴル民族のアイデンティティ形成の基

盤をなす民族文化の変遷を，大モンゴル帝国（1206〜1271年）・元朝（1271〜1368年）・北元（1368〜1636年）・清朝（1636〜1912年），清朝崩壊から1947年までの内モンゴル自治運動期・1947年の内モンゴル自治区成立から今日までの6つの時代に区分し，第Ⅰ部ではその特色を詳らかにする。

とくに元朝における仏教（紅教）は，モンゴル民族の統治者が「天意，父愛」により国を治めるために，皇太子たちに子どもの時から即位まで仏教教育を受けさせ，幼い頃から「政教一合」主義で国を治める意識を植え付けようとしていたものであり(39)，モンゴル仏教となって民族性に多大な影響を与えることになる。それらをふまえて，第1章ではまず，中国内モンゴル自治区のモンゴル人の，民族としてのアイデンティティを確立する上においては，伝統的宗教・文化として基盤をなしている，シャーマン教（ブォー）とモンゴル仏教（チベット仏教あるいは密教）が，モンゴル民族の思考意識・行動意識・倫理道徳に大きな影響を与えていることを論ずる。

第2章と第3章では，さらには今日内モンゴル自治運動時代における，モンゴル民族のアイデンティティの自立発展において，貢親王（1871〜1930）と徳王（1901〜1966）の果たした役割が大きく，両王が改革した民族学校の教育思想・制度・内容について具体的に論ずる。

第4章では，文化大革命（1966〜1977年）や改革開放政策（1978年〜）によって，内モンゴルのモンゴル民族の若者や子どもたちのアイデンティティの形成は揺らぎを余儀なくされたが，筆者のアンケート調査結果も含めて，今日のモンゴル族の若者・子どもの自民族文化に関する意識の実態について論究する。

また，民族学校で教育を受けた若者たちがアイデンティティの未成熟による自己不全に陥っているという事実を浮かび上がらせる。

第Ⅱ部では中華人民共和国（新中国）における少数民族地域学校教育政策をたどる。

新中国成立以降，資本主義に基づく義務教育概念が抑圧として斥けられて

きた。また，政治運動の影響と経済的な理由のため，義務教育学校教育制度の整備が遅れた。しかし，1980年代に入り，改革開放政策導入とともに，近代化実現のため国家的規模で義務教育の制度化が急がれ，1986年に「中華人民共和国義務教育法」（旧法）として，同年7月1日から施行された。2006年6月29日には，改定義務教育法（新法）が公布され，同年9月1日から施行されることになった。

　第5章では，1921年の中国共産党が成立以降，一貫して進められてきた少数民族の文化の独自性を最大限に尊重する少数民族教育政策は，1988年以降，「国家・国民」教育へと舵を切ることになったが，その「国家・国民」教育の考え方について論ずる。

　第6章では，中央政府が1980年代に入って進めた義務教育制度の進展が，少数民族地域における民族学校に及ぼした影響について論ずる。

　第7章では，1999年以降，グローバル社会の進展の中で，国際的人材競争力強化をめざした「素質教育」という名の教育方針が，儒教に基づく「国民」精神の育成を一方の柱とし，学力向上をいま一方の柱とする従来の民族学校教育に及ぼした影響について論ずる。

　第Ⅲ部では内モンゴル自治区におけるモンゴル民族教育の現状をみていく。
　中国における社会主義教育から，「多元一体」との論点と愛国主義キャンペーンに活用されている民族教育の指導方針，また，「素質教育」「伝統文化重視」などの教育政策が具体的に実施されていることから，人間の生きていく上で根源的な意味を持つアイデンティティの確立を阻害している要因が見えてくる。その問題に関して，中央政府の政策下にある少数民族学校教育のもつ内在的要因を分析し，その教育の何が少数民族の次世代のアイデンティティ確立を阻害しているのかを明らかにしていく。

　第8章では，中国の少数民族学校教育のモデルともなっている，内モンゴル自治区の寄宿制民族学校教育に焦点を当て，今日までの中央政府の少数民族教育政策の下に編纂された具体的カリキュラムとその内容の推移・変遷を

具体的に詳らかにすることにより，今日，少数民族の次世代のアイデンティティの確立を阻害している民族教育の要素・要因について論述する。

　第9章では，中国社会における政治（イデオロギー）重視から，経済重視への大きな流れの変化の中で，学校教育の抱える新たな課題について論ずる。

　そして全体の終章では，今日における中国国家政策の根幹をなす「多元一体」の核にある，各民族のアイデンティティ確立と国民としての一体化を図る上で，民族学校が抱える諸問題の解決に向けた3つの改善策を提起する。

注

(1) 費孝通「中華民族的多元一体格局」『費孝通文集』（第11巻）群言出版社，1999年，381〜382頁。1988年，費孝通の香港中文大学での演説。漢民族自体が歴史的に中国領域で生きてきた諸民族の接触・混合・融合の複雑なプロセスを通じて生まれ，その中で「中華民族の凝集的核心」になったという種族主義。

(2) 筆者が，2005年12月28日から2006年1月10日にかけて，内モンゴル自治区にある全自治区の範囲から学生募集をしている2つの大学と短大の学生・院生，烏特中旗蒙古族中学（初三，初四，高等学校の全員）の生徒と社会人に対して「民族意識に関する実態調査」を実施した。調査は500人を抽出し，399人から回答を得た（回答率79.8％）。

(3) E・H・エリクソン『アイデンティティ　青年と危機』岩瀬庸理訳，金沢文庫，2004年，10頁。

(4) 同(3)，248頁。

(5) 遊牧民のモンゴル人たちは13世紀に北アジアのモンゴル高原を統一し，ユーラシア大陸をまたぐ大帝国を創り，中国もモンゴル帝国の一部，元朝となった。14世紀になると，安徽地域出身の漢人の朱元璋（1328〜1398）がモンゴル人たちを長城の北へ追い出して，漢人の明朝を打ち立てた。そして，時が過ぎて17世紀に入ると，満州人たちが長城の北側に現われ，中国を支配下においた。モンゴル人たちも満州人の力を認め，その同盟者となった。大砂漠の南に住むモンゴル人たちは1636年に満州の政権に下り，内藩と呼ばれ，今日の「内モンゴル」の基盤が形成された。モンゴル高原の北に住むモンゴル諸部は「外藩」（モンゴル国—外

モンゴルの基盤）と称されるようになった。1911年，清朝の崩壊により，外モンゴルは清朝を離れ，独立モンゴル国になった。内モンゴル自治区（内モンゴル）は1947年5月1日に，中国で最初の自治区として成立した。
(6) 中国では従来国定教科書制度「一綱一本制」が採られていた。1980年代後半から，学校用教科書については，「審査制度」を実施するようになった。
(7) 『思想品徳』義務教育課程標準実験教科書，内蒙古教育出版社翻訳出版，モンゴル語版，9年級，2006年，97頁。
(8) 『品徳与社会』義務教育課程標準実験教科書，内蒙古教育出版社翻訳出版，モンゴル語版，五年級下冊，2007年，28頁。
(9) 同(8)，62頁。
(10) 「内蒙古自治区教育成就統計資料」（1947～1996年統計資料）内蒙古教育出版社，1997年，262頁。
(11) http：//www.nmgov.edu.cn/modules/news/article.php?storyid=326「2006年3月26日，内蒙古教育庁ネット」。
(12) 同(2)，「民族意識に関する実態調査」に得た結果。
(13) 『内蒙古民族教育工作手冊』内蒙古教育出版社，2004年，8頁。
(14) 同(2)，「民族意識に関する実態調査」に得た結果。
(15) http：//news.xinhuanet.com/ziliao/2004/11/27/content_2266970.htm 1931年11月7日，中華ソビエト共和国第1回全国代表大会で決定した憲法大綱の4条。「2004年11月27日，中国共産党史資料ネット」。
(16) 『毛沢東集』第2版第4巻〔1935・11〕，蒼蒼社，1983年，5～16頁。
(17) 『中華人民共和国義務教育法』中国法制出版社，2007年，15～26頁。
(18) 同(17)。
(19) 田中圭治郎『多文化教育の世界的潮流』ナカニシヤ出版，1999年，7頁。
(20) 同(19)，9頁。
(21) 姜英敏「中国の学校教育における基礎教育カリキュラムの改革動向」『比較・国際教育』第12号，2004年，136頁。
(22) 同(21)，138頁。
(23) 同(13)，150～151頁。
(24) 同(13)，60頁。

(25) 同(13), 199頁。

(26) 「内人党」事件とは,「内モンゴル人民革命党粛清事件」のことをいう。1966～1977年まで,中国文化大革命が行われた当時,内モンゴル自治区では国家側,大民族の漢族側の一方的な殺戮が行われた。それは,毛沢東の「権利を奪う計画」という疑惑で,モンゴル民族の指導者から民族意識が高い遊牧民までが被害を受けた。当時,モンゴル族の人口は約150万人弱だったが,79万人余りのモンゴル人が被害を受け,約10万人が殺害された。

(27) 加々美光行『中国の民族問題——危機の本質』岩波現代文庫,2008年,16頁。

(28) 同(7), 60頁。1990年9月,江沢民が「離れてはいけない三つ」という観点を提出した。それは,「漢民族(中国における9割以上の人口を占める民族)が少数民族から離れてはいけない,少数民族が漢族から離れてはいけない,少数民族がお互いに離れてはいけない」というものであった。

(29) ハスエリドン「中国少数民族地域の民族教育政策の理念と民族教育の問題」『多元文化』第5号,2005年,265～280頁。

(30) ハスゲレル「中国におけるモンゴル民族教育の構造と課題——教科書分析を中心に」『国際教育』第11号,2005年,43～62頁。

(31) 市瀬智紀「中国少数民族のバイリンガル教育の概観——その教育モデルと実践」『異文化間教育』14号,2000年,133～141頁。

(32) 同(30), 261頁。

(33) 和田修二・田中圭治郎編『何が親と教師を支える』ナカニシヤ出版,2000年,119頁。

(34) 河原操子『カラチン王妃と私』芙蓉書房,1969年。

(35) 「素質教育」は1999年から普及している「応試教育」と対立する教育。生徒・学生の資質をのばす教育である。すなわち,個人の能力や適性に応じた教育により彼らの全面的資質を高める教育である。

(36) 2000年2月,江沢民が広東省を考察するとき「三个代表」という観点を提出し,2002年11月8～14日に中国共産党における第16回全国代表大会政治報告書の中に中国における共産党政府は中国先進生産力発展要求を代表,先進文化的発展方向を代表,人民根本利益を代表しているという「三个代表」を提出した。その中に先進文化の源泉は伝統文化であると強調した。2004年6月28日,胡錦涛が「中国

政府高度重視保护文化和自然遗产」(http://www.sina.com.cn 2004年06月28日 09：36新華ネット) というテーマの発表により，社会主義文化道徳から伝統文化道徳に移った。

(37) 同(33), 132頁。

(38) T. S. エリオット『エリオット全集Ⅴ　文化論』深瀬基寛訳, 中央公論社, 1960年, 232頁。

(39) 仏スチン太子『十善福白史冊』内蒙古人民出版社, 1981年, 72頁。

第Ⅰ部
モンゴル民族における文化の変遷

第1章

仏教がモンゴル民族に与えた影響

第1節 モンゴル人と仏教の関係

　中国内モンゴル自治区のモンゴル人における文化的・思想的基盤を構成している伝統的な宗教に，シャーマン教（ブォー）とモンゴル仏教（チベット仏教あるいは密教）の習合したものを挙げることができる。チンギス・ハーン（1167～1227）が，モンゴル高原からユーラシアをゆるやかに統合し，「大モンゴル帝国」を建国して以降，モンゴル遊牧生活に固有のシャーマン信仰とチベットから伝わってきた仏教と習合したものが，モンゴル民族の文化的・思想的基盤を形成し，モンゴル民族の思考意識・行動意識・倫理道徳に大きな影響を与えているのである。

　モンゴル民族のアイデンティティ形成の基盤になった文化的・思想的な変遷を，大モンゴル帝国（1206～1271年）・元朝（1271～1368年）・北元（1368～1636年）・清朝（1636～1912年），清朝崩壊から1947年までの内モンゴル自治運動と1947年に内モンゴル自治区として成立から今日までの6つの時代に区分する必要があると考える。

　モンゴル人が仏教を信仰する歴史は長い。釈迦が仏教を広めていたとき，すでにモンゴルの先祖から釈迦の弟子になった人物がいた。それは釈迦の「十福」の中の一人モロントインである。インドでは彼のことをモンコレンと呼び，チベットではモンゴルジボーと呼んでいる。それはモンゴルの子という意味である。モンゴル人が仏教に出会って，2500年余りになると言えよう。[1]

仏教はモンゴル大帝国，チンギス・ハーン時代に現在のモンゴル地域に広まり，モンゴル仏教は800年にわたり，モンゴル民族に大きな影響をもたらした。

元朝における仏教（紅教）では，モンゴル民族の統治者は「天意，父愛」により国を治めるために，皇太子たちに子どもの時から即位まで仏教教育を受けさせ，幼い頃から「政教一合」主義で国を治める意識を植え付けようとしていた。[2]

元朝が衰えモンゴル民族がモンゴル草原に退いた後（北元），改革された仏教（黄教）がチベットから伝わり，長年モンゴル遊牧生活に固有のシャーマンとぶつかり合い，時にシャーマニズムのいいところを吸収し，モンゴルの環境・社会・生活・生産に合わせたモンゴル仏教としてモンゴルの地に根付いた。

その結果，モンゴル仏教が歴史の長い流れのうちに，モンゴル民族における精神的な柱になり，モンゴル民族の発展を支えてきた。

先にも述べたとおり，モンゴル民族の統制者は，皇太子たちに幼少期から即位まで仏教教育を受けさせることで，国を治める意識を植え付けようとしていた。この他，モンゴル民族の教育は寺院での教育が中心になった時代もあった。

しかし，モンゴル（内モンゴル，モンゴル国，ブリヤート，カルムイク）では，1930年代半ばから仏教は全般的に否定され始めた。モンゴル共和国では，1936年から1939年にかけて仏教弾圧がスターリンの直接指導によって行われたという。その結果，1939年以前にはモンゴル国に約900の仏教寺院があったが，現在はウランバートル市にあるガンダン寺などわずかな寺院を残して，他はすべて博物館として転用されるか，破壊された。当時の革命政府によって「反革命」の罪で銃殺された僧侶の数は，2万人にのぼるともいわれている。[3]一方，内モンゴルでは，1948年，ホルチン草原の48寺の48名の「活仏虐殺事件」[4]，「内人党事件」及び，中国全土で1966年に始まった「文化大革命」で仏教寺院が大きな打撃を受けた。文化大革命以前は，中国国内のモンゴル地

域だけで仏教寺院は4720あったが，現在復興して再建され，法要をはじめとするさまざまな活動をしている寺院は，およそ50である。その結果，モンゴル地域では，「宗教はアヘンである」「迷信である」と言われ批判された。革命政府が社会主義の理論を貫くために，仏教は迷信であり，とくにモンゴル民族の衰えは仏教のせいだと宣伝したからである。

中国では500万人のモンゴル人が生活をしているが，その6割は仏教徒である。文化大革命以前にはすべてのモンゴル人が仏教を信仰していたといわれている。寺院は散在して生活を営む遊牧民たちが集まる最良な場所であり，モンゴル地域における教育を受ける場でもあった。寺院には医療センターとしての機能もあり，寺院内にある医学院は，医療業にあたる人材を育成する学校であり，病気を治療する中心機関でもあった。

1 モンゴル仏教の成立

モンゴル民族の信仰は仏教（チベット仏教あるいは密教）であり，通常「ラマ（Lama）教」と呼ばれる。しかし，そもそも「ラマ教」なるものは存在しない。「ラマ」とは高僧を意味しており，ダライ・ラマ法王のように敬称として用いられるものなのである。チベット仏教や密教の特徴である師弟相承の意思を強調したところから俗に「ラマ教」という名称が用いられるようになったのである。

本書では，モンゴル語訳経典に基づく仏教を「モンゴル仏教」と呼び，それらを信仰する国々を「モンゴル仏教文化圏」ということにする。「モンゴル仏教」は仏教史の上からいえば「チベット系仏教」であり，その意味から，「モンゴル仏教文化圏」が「チベット仏教文化圏」と重なるのは当然である。このチベット仏教がチベットを中心としたブータンからモンゴルにまで広がるアジア中央部の「チベット仏教文化圏」を形成しているのである。

チベット仏教の最も顕著な特色として，「活仏」の信仰があげられる。1578年からチベットに定着したダライ・ラマ制は，観音菩薩の生まれ変わりとしてダライ・ラマを聖・俗の統治者として崇拝し，その肉体の死後も魂は別の

身体に転生するとされ,血統的なつながりをもたない統治者の系譜が現在も続いているのである。

　しかし一方で,チベット仏教の最終期である8〜13世紀の間にあらゆる経典を収集・翻訳し続けたため,インドがイスラーム化・ヒンズー化した後には,最も原典に忠実な経典を残すこととなった。

　この「モンゴル仏教文化圏」は現在もかなり広がっている。旧ソ連の解体,モンゴル国の独立,中国の改革開放政策の下に,中国では内モンゴル自治区のほかに,青海省,新疆ウイグル自治区,遼寧省,甘粛省のそれぞれ一部がこの文化圏に含まれている。また,モンゴル国はもちろんのこと,ロシアのブリヤートもこれに含まれ,モンゴル国の西北にあるトヴァ自治国も,さらにはヨーロッパ唯一の仏教国といわれるカルムイクも「モンゴル仏教文化圏」の国ということになる。

　モンゴル民族がはじめて世界史の表舞台に立ったのは,13世紀の初めにチンギス・ハーンがモンゴル諸部族を統合して,モンゴル帝国を建てたときである。この頃モンゴル民衆がどのような信仰をもっていたかは明らかでないが,チンギス・ハーンのもとに「テブ・テングリ(天なる神)」と呼ばれるココチュという名のシャーマンがいたことは記録に残っている。

　チンギス・ハーンは仏教文化とはじめて関係をもったハーン(皇帝)であり,モンゴル史書『十善福白史冊』と『モンゴル地域仏教普及史』に記録されているように,チンギス・ハーンがチベットからグンゲニンブというラマを招請し,グユゲ・ハーンの時代(1247年)にはチベットのラマ,サキャ・パンディタ・グンガザラソン(1182〜1251)を,「私たちは両親の恩に報いるため,祭典が必要になり,考えて見るとあなたが一番適切であると思う」と招き,モンゴル地域に仏教を広げたという。

　チベット仏教を最初に国家的な規模でモンゴルに導入したのは,チンギス・ハーンの孫で元朝の創始者となったフビライ・ハーン(世祖,1260〜1294在位)である。彼は1260年に即位すると同時に,かねてより尊敬していたチベットの高僧パスパ(1239〜1280)を元朝の国師に任命した。パスパはフビ

第1章　仏教がモンゴル民族に与えた影響

ライ・ハーンの命によって1269（至元6）年2月にモンゴル語を表すための新文字を作成した。この文字は「パスパ文字」と呼ばれる。

2　モンゴル文字を学ぶ学校

　元朝の時，以下の記録から完璧な学校制度があったことが分かる。『元史』の「列伝」には張徳輝（1195～1275）が「徳輝提調真定学校世祖」（徳輝に転職を命じ，学校管理の宰相に決めた）という記録があり，中央政府に学校教育に対する主管大臣がいたことが明らかである。

　1269年7月，元朝の朝廷から学校を創る命令が出され，すべてのツルゲ（路）（行政の単位）にモンゴル文字を用いる学校が創られた。当時，元朝には185のツルゲがあった。だから，最低，185ヵ所モンゴル文字による学校があったということになる。それ以外に全国の府，州でもモンゴル文字を用いる学校が創られた。

　モンゴル文字を使う学校では，すべての府，州の「官僚の子ども」と「庶民の子ども」に対して生徒が募集され，「入学した子どもに対して朝廷は免税し，生徒たちの費用と食事は国が負担する。学校に国から畑を分け，畑の収入から生徒たちの食事を供給する」と決められた。入学した生徒たちの家庭や民族による差別をなくし，平等にその制度を享受できるようにした。

　1271（至元8）年正月，「2～3年学んだ後，成績が優秀な生徒に対して，特別なテストを行い，合格者は官僚になれる」制度を制定した。

　モンゴル文字を使う学校のカリキュラムはモンゴル文字を学ぶことに重きを置き，他の内容も適当に按配していた。漢文選とチベット経典を翻訳し，生徒たちに配った記録がある。

　フビライ・ハーンの時代，上都（元の首都）の西南角に国師パスパ・ラマの寺が建てられた。1320（延祐7）年11月，「孔子廟のように，すべてのツルゲ（路）に国師パスパ・ラマの殿を創るよう」命令が出された。1321（延祐8）年3月，元朝の首都大都（北京）に国師パスパの寺ができあがった。その時，すべてのツルゲのモンゴル文字の学校に国師パスパの殿が設置された。

29

そこから元朝の教育における思想指導はチベット仏教のサキャ派の思想になったということが分かる。

モンゴル史書『十善福白史冊』は，フビライ・ハーンが「政教一合」主義で国を治めるために決定した法典である。その法典中で，学問は7つの分野に分けられ，それぞれ主管宰相が管理していた。(25)

7つの分野は，1：悟知往惜，先哲のビン。2：預知未来，神医のビン。3：慧通奥秒，先覚のビン。4：深視先事，通測全知のビン。5：預知敵謀，神奇のビン。6：測知囲猟禽獣，勇敢のビン。7：通悟五経，大明聡容のビン。

その7つのビンは「五大明」といわれる。「五大明」はインド仏教の教育で学ぶ5つの学問であり，その中に「五小明」という学問が含まれている。それは寺院教育の重要な内容である。「五大明」とは声明学，仏教，論理（ロジック），哲学，医学であり，「五小明」とは占い，数学，詩学，音韻，劇学である。(26)

3 モンゴル仏教と民族教育

1368年の元朝崩壊以降，モンゴル人は中原地域から，モンゴル草原に退いた。しかし，草原に残っていたモンゴル人の心に仏教はあまり影響を与えていなかったのである。モンゴル草原に退いた（北元）後，モンゴル部族間の権利を争う，百年以上の戦争が起こった。その時，長い悲惨な戦争により傷ついたモンゴル人の心の安定を保つ精神的な支柱が必要になっていた。

北元の繁盛期，バトムンケ・ダヤン・ハーン（1464～1524）時代，「百人の母を泣かし，百頭の母親駱駝を悲しませる」という事件が起こった。(27) それが原因で，長年の戦争を避け，平和な生活を望んでいる庶民に対して，国家宗教であったシャーマニズムは人々の信頼を失い，チベット仏教から伝わってきたモンゴル仏教精神がモンゴル草原に根付く契機となった。

その結果，長い歴史の中で，モンゴルのアラダン・ハン（1507～1581）が仏教代表者に「ダライ・ラマ」という称号を与え，仏教の思想を受け入れ，

モンゴル仏教がモンゴル民族における精神的な柱になった。

　清の時代、『大清太宗皇帝實録』の44巻によると、「寺に一般人が多い、その中から兵隊を召集しろ」という命令が下された。清朝が中国を統一する時、「モンゴル八旗」が主であった。軍事力を増強するために僧侶になるのを制限したと考えられる。しかし、清朝が関内外を征服した後、当時軍事力の主であったモンゴル人を必要としなくなり、モンゴル人の人口を減らし、気力を失わせる政策を模索した。仏教への深い信仰を利用して、乾隆帝（1736〜1795）の時代にはモンゴル人家庭において、男子が3人いる場合、賢い者2人を僧侶にし、男子が5人の場合は、同様に3人を僧侶にするという政策を実施した。そして1819（嘉慶24）年には、僧侶になったモンゴル人は結婚をしてはならないと法律で定めた。その結果、「10万人の兵士を養うより寺院一軒を建てたほうが、遥かにメリットがある」という言葉どおり、清朝末期になると、内モンゴルだけで24.4万の人口が減り、1921年の中華民国の調査によるとモンゴル人成人男性の40％以上が僧侶になった。

　清政府のモンゴル民族に対する政策の下に、仏教教育のみを行う政策が強行された。乾隆帝は「モンゴル人たちが仏教を信じ、愚かになっているのは予想どおりであり、称賛すべきである」といい、清のために働いている「モンゴル八旗の子弟」だけが「国子監」、「八旗モンゴル公立学校」に入学できるが、年間で入学できる子どもは数人にとどまった。それは、すべてのモンゴル民族の子どもの教育を禁止しているも同然と筆者は考える。清朝280年の間にモンゴル民族の教育は寺院教育が中心になった。当時、モンゴル全地域において、寺院が隆盛を極め、知名度の高い寺院では僧侶の数はそれぞれ、ハラハ大フリィェガンダン寺で1万3000人、ウランチャブ盟シラムリン寺で1400人、シリンゴル盟バイサ寺で1500人、興安盟ウランホタのゲゲン寺で1200人、通遼市モロイ寺で2000人、ブー王旗ションホロ寺で2000人、モンゴルジン旗ゲゲン寺で3000人に達した。

　清政府のモンゴル民族に対する政策の裏側でモンゴル民族の教育は寺院によって発展したのである。

第2節　モンゴル仏教の僧侶教育

　モンゴル帝国時代には，ハーンは仏教を導入する際，高僧たちを招き，ハーン指定のバグシ（師）に任命した。そのことからモンゴルでは僧侶は尊敬された。ラマたちがモンゴル「政教一合」のために尽くし，一方で，モンゴル民族の伝統文化を伝え，モンゴル民族の教育の発展に貢献した。それは，モンゴル大帝国の時代から今日まで続いている。明国の蕭大亨（1532～1612）の『北虜風俗』に「昔，バグシは各部落に何人もいなかったが，今，仏教を信じるようになってから，バグシの数がかなり増えた」と書かれている。[37]

1　モンゴル僧侶の生活

　「ボー・ボー」と毎朝，朝の法会を知らせる法螺貝の音が，静かな夜明け前に本堂の屋上や，堂前から流れてくる。夢路を破られた僧侶たちは，無邪気な童顔の小僧から胡麻塩頭で腰が曲がった老僧に至るまで，紅衣黄帽のいでたちで本堂前にあつまる。そして，チベット仏教ゲルク派（黄教）の開祖ツォンカパ大師を讃える恩徳讃（ミクツェマ）を，チベット語で唱え始める。

　　　一切平等の慈悲の大蔵である観世音菩薩，
　　　清浄なる智慧を具足した文殊菩薩，
　　　一切の魔軍を調御降伏した金剛手秘密主，
　　　雪山チベットの智慧で荘厳したツォンカパ，
　　　名は賢慧称の足下に祈祷する。

　やがて，屋上から「ゴワン・ゴワン」と，銅鑼ハランガーが響き渡ると，高僧から粛々と堂内に消える。再びハランガーが連打され，本堂の内から低音で，心の邪悪や煩悩を抜き，法悦の境に引きずり込む読経が流れ始める。朱塗りの柱が林立する薄暗い本堂の内は，灯明がゆらぎ，円満，慈悲，忿怒

の奇々怪々な諸仏像や壁画を浮かび上がらせる。線香の紫煙がたちこめ，馥郁たる香りの中で，心に荘厳と安らぎの念を醸し出す。

　モンゴルでは，在家信徒は毎日，家の仏壇に水を供え読経する。僧侶も，それぞれ宿泊している僧房の仏壇に水を供え，経を誦す。仏壇には，自分が信仰する諸佛，諸菩薩を安置している。

　早朝まず手を洗い清めた後，小さい声で念仏を唱えながら，仏壇用の雑巾で拭き掃除をする。そして，タヒルという真鍮製の高さ4センチ，直径8センチほどの椀型の水入れ8個を左から右に一列に並べ，早朝水差しに汲んだ水を左から右へと注いでいく。このとき必ず，水入れに水が溢れるほど注ぐ。灯明を点し，線香を焚き，香を焚き，お茶を供える。

　灯明は，ジョロと呼ばれる銀鍮製の台付きの形をしている。底に小さな灯芯を立てる穴がある。その穴に細い枯草の茎を芯として，それに綿を巻きつけた灯芯を立て，カップの中に溶かしたバターを注入して灯明として用いるのである。

　昼過ぎには，供えたお茶と水を下げる。このときは朝とは反対に，必ず右から左へ水を他の器に空けるのが礼法である。水入れタヒルは，しばらく天日で乾かし，布できれいに磨き上げる。夜は，新しく灯明が点され，線香と香が焚かれる。

2　僧侶になる儀式

　モンゴルでは，出家すれば仏の弟子，すなわちモンゴル語でボルハンナイシャビ（仏弟子）として尊敬される。昔からボルハンナイシャビは，一生涯支配も圧迫も加えられず，信者たちから供養されて寺院に暮らしている。僧侶となり，三宝に帰依することを最大の信仰としているモンゴルでは，長男か一番下の子が家に残り，それ以外は出家して，一生涯寺院で修行を続けることが多い。昔は仏門に帰依する年齢の制限はなかったが，一般には子どもが6，7，8歳になると，親は近くの寺院の知り合いの僧侶のもとに連れて行き，親代わりの僧侶を定めて弟子入りさせる。親代わりの僧侶が，子を活

仏である高僧の前に連れて行って，禁欲，禁酒煙，禁殺生の3つの誓いをさせ，弁髪を剃り，戒名を受けさせる。入門者は活仏あるいは高僧にハダガ（チベット族やモンゴル族が祝賀や尊敬のしるしとして人に贈る白・黄・藍などの帯状の絹布）とお茶を捧げ，彼らも共にお茶を飲み，共に食事をして入仏門の式が終わり，「仏弟子」僧の身となる(39)。

今のモンゴル学校における寄宿制度は，実は寺院制度の流れを受けている。

3 モンゴル僧侶の教育

仏門に入った子どもは，同室で生活を共にするバグシ，経を教え学問を教えるバグシ，戒律を授けるバグシの指導を受ける。この3者を三大バグシとして尊敬し，その厚恩を一生忘れてはならないとされる(40)。

モンゴル人は信仰心が厚い者が多いと考えられ，聡明な子を僧侶にすることは金塔を造るに等しい名誉であると信じていた。

モンゴルでは，今も，先生が大事にされる。一世の先生は九世の父母に等しいと言われ，先生が言ったことは真理だと考え，先生が言ったとおりにするのは当たり前のことと考える。

弟子入りの際は，ハダガ，お茶などのご馳走を各師に献上するだけで，授業料などは一切必要としない。弟子は，師の部屋の掃き掃除，炊事，水汲み，燃料とする家畜の糞拾い，その他の雑用に使役され，怠ければ容赦なく鞭が飛ぶ。毎日学問上の僧侶のもとに経典を抱えて行き，意味を理解する前に，まず経典を暗記していく。忘れれば尻をなぐられ，鞭が飛ぶ。こうしてスパルタ式の教育で徹底的に鍛え上げられ，成長するにつれて，各自の能力と努力により，学問で身を立てる学僧と，労力の方で身を立てる凡僧とに分けられていく。

年月が経って分別もつき，経済的にも独立できるようになると，自分で家を持ち独立して暮らすこともできるが，それでも一生親代わりのバグシと同居し，バグシの面倒をみる僧侶もいる(41)。

モンゴル寺院では，主に学科（ラサン）を分け，仏弟子を教育する。①弁

論学科（チョラワーラサン），②密教（ゾドバーラサン），③時論・タントラ（トィングルラサン），④医学科（マンバーラサン）などの4種の学科があり，それぞれ規定の教えを学ぶのであるが，4種の学院のなか弁論学科が一番重視されている。それに13種類の学問が含まれる。サルニと呼ばれる進級のためには，3年毎（2年半毎もある）に1回テストを受ける。テストは2人の受験者が皆の前で弁論をする形で行われる。どちらか上手にできた者を選んでサルニに昇格させ，優等生になる。サルニに10回昇格すると，学位（ミンダグ）を得る。上記の学科は勉学年数がほとんど同じだが，弁論学科だけは20年をかけてやっと規定の学位を持つサルニに昇格する。

モンゴルでは，一人前の僧侶になることは，寺院教育の伝統的な「五大明」学問のマスターになることである。

4　経典（教科書）

モンゴル寺院では，モンゴル語とチベット語の経典を用いる。モンゴル語に翻訳された経典はあるが，モンゴル語で法要を行う寺院は少ない。

清朝の康熙帝（1662～1722年在位）はモンゴル民族に対する強化政策を行い，モンゴル語で法要を行う寺院には厳しく，抑制するために国から俸禄は与えなかった。

チベットは，モンゴル仏教徒にとって憧れの聖地とされる。それは，チベット語そのものを仏の真の教えであると信じているからである。彼らはチベット仏教の最高学位をもらうために，3～4年間をかけて，五台山のあるチベットに旅し，試験はチベット語で行われていた。

モンゴル寺院において，流布した経典は『大蔵経』の一部の論理を物語にした経典『金光経』である。モンゴル語に翻訳された経典である。主に家庭円満，幸福，家畜繁栄を祈り『四大金剛』が守ってくれると言われている。『本義必用経』はチベット仏教の基礎論理をモンゴル族に紹介した経典である。

『大蔵経』は13世紀にモンゴルの地に伝えられて以後，モンゴル帝国元朝

の大徳年間（1297～1307年）から1749（清朝乾隆14）年にかけて約450年にわたって，ヴェーダ語・サンスクリット語とチベット語の『大蔵経』の「ガンジュール」と「タンジュール」がすべてモンゴル語で5回翻訳された[45]。

モンゴル語訳経典を用い，モンゴル語で法要を行う草原の寺は筆者の故郷のメルゲン・ジョー寺にある。メルゲン・ジョーの前身は1495年に建立されメルゲン・スム（寺）であり，オラーン・チャブ盟ウラト西公旗寺であった[46]。ウラト西公旗には，このスムの下に35の寺があったというから，当時はきわめて大きな勢力をもつスムであった。

インドのジャワハルラール・ネルー（1889～1964）首相は国づくりに専任する政策を実施し，世界にその名が知られている。そのジャワハルラール・ネルー首相は1954年に中国を訪問し，インドと中国の文化交流を築き上げた。当時内モンゴルにモンゴル語訳の『大蔵経』が2セット半しかなかった。そこでジャワハルラール・ネルー首相は内戦や戦争で被害を受け一部喪失した『大蔵経』を揃えるために毛沢東と周恩来（1898～1976）に会い，双方話し合った結果その中のワンセットを20年の契約で借りることができた。そして，『大蔵経』をモンゴル語からインドのバリ語に訳す中でモンゴル語訳の『大蔵経』がインド・バリ語版の『大蔵経』と一致し，格助詞の訳でさえ一つも間違っていなかったことが分かった。それで1960年にインドは国内の新聞に大きなニュースとして掲載し，世界に発信した[47]。

旧暦の正月15日，モンゴル寺院では，金剛駆魔神舞（チャム・踊り）の儀式を行っている。それはチベット仏教とモンゴル仏教に独特な密乗，すなわち金剛乗の仏教踊りであるといえる。①供養舞，②地舞，③鬼舞（ミラチャム），④黒帽度母舞の四種類がある[48]。

モンゴル寺院では，旧正月は一番忙しく，本堂を飾っている旗，仏像，貢物などは珍しいもので，バターで彫刻した貢物はその中でも代表的なものである。

一人前の僧侶となるには，身につけなければならないことが多々ある。モンゴル寺院では言語（チベット語，モンゴル語・満州語）・文学・歴史・芸術・

哲学・医学・天文・地理・政治・経済・算数など広い範囲の知識を教えていたことが分かる。

第3節　民族教育に与えたモンゴル仏教の影響

　モンゴル語で外国語の学習をする際，その言語に近い発音ができ，また表記についても速く習得することができると考えられる。それはモンゴル帝国時代，アジア・ヨーロッパを征服していく時，多くの国と民族に接触し，その影響を受けたことによると考えられるが，それが文化として定着し，何百年も続き，しかも教育にまで浸透していったことは仏教教育なくしては語れないと言っても過言ではないだろう。

　チョジオドセル国師（1214～1321頃）は，サキャ・パンディタの創ったモンゴル文字「a, e, i」（図1－1）3文字の上に，「o, u, ö, ü」（図1－2）4文字の閉音節の末尾に位置する126の子音字をはじめ，外来語を表記するために35の文字を加えて，モンゴル文字を完成した。モンゴル帝国元朝の成宗オルジュイトゥ・ハーン（1294～1310年在位，鉄穆耳汗という）の時5ヵ所に訳経院を建立し，チョジオドセルが創ったモンゴル文字で，チベット語の

図1－1　モンゴル文字1

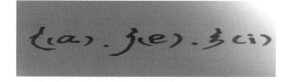

図1－2　モンゴル文字2

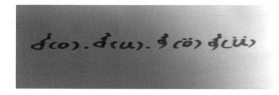

『大蔵経』の「ガンジュール」と「タンジュール」をモンゴル語に翻訳する作業が続けられた。

1587年アユシグーシが「アーリガーリ文字」を作り，アーリガーリ文字はインド語とチベット語を正確に表記できることから伝統的なモンゴル語にとって欠かせない補助記号となった。そこでモンゴル国の言語学者ベ・リンチン（1905〜1975）が次のように述べた。

「モンゴル文字にガリグ文字ができたことにより，科学的に細かく表記できる文字が揃った。アユシグーシが作ったアーリガーリ文字でインド語とチベット語の細かい表記ができるようになり，それは後にヨーロッパやインド，チベットの学者が作ったラテンガリグ文字のルールと一致していると評価した。それにインド・チベット語で書かれた書物をアユシグーシがガリグで表記するのとヨーロッパのラテンガリグで表記するのと全く同様であることはとても不思議である。16世紀の言語学者アユシグーシはヨーロッパより260年も前にそのガリグ文字の法則をモンゴル語に取り入れていた」。

メルゲン・ジョー（寺）の第3代活仏であるロブスンダンビジャルサン（1717〜1766）は，モンゴル語による多くの著書を著し，たくさんのモンゴル語の詩を書いた。そこで彼はメルゲン・ゲゲン（メルゲンは「頭脳明晰な，鋭い」の意味。ゲゲンは活仏という意味）と尊称され，この寺院もメルゲン・ジョーと呼ばれるようになった。

メルゲン・ゲゲンは「モンゴル語のアルファベット」のテキストを作った。彼は子どもの好奇心を引くためにモンゴル民族の詩を生かし，それを詠う習慣に合わせて作り上げた。モンゴル語の子音と母音の書き方の違いを詳細に分析し，子どもたちに分かりやすく，しかも楽しく身に付けられるように作った。

その特徴は以下の3点で内モンゴル師範大学教育科学学院教授であるヘシグボインが『教育』という本において評価した。

第1章　仏教がモンゴル民族に与えた影響

1．子どもの形象的な思惟から抽象的な思惟へと発達する原理と一致しているから何百年前からモンゴル民族教育の教育方法と一致し，心理教育の内容も重視していたことが分かる。
2．思想性を重視することによって知識の伝達と思想教育を合理的に融合できた。
3．子どもの認知性の特徴を把握することができたので，今日の内モンゴル人の識字教育に欠かせない宝物である。

　清朝の時，高僧たちは寺廟での教育を通して，仏教経典を紹介するとともに積極的に弟子たちにモンゴル史を言い伝えていた。実はレベルの高い僧侶は優れた歴史学者でもある。彼らの著書には，仏スチン太子の『十善福白史冊』，ロバソンダンジン国師の『アラタントッベチ（黄金史）』，ジンバドルジの『ボロルトリ（水晶鑑）』などのモンゴル史書がある。彼らは先祖の輝かしい歴史を記すことによってモンゴルの人々を眠りから目覚めさせた。そのおかげで，1911年に外（北）モンゴル満州から離れ独立し，モンゴル民族の第3回の発展が始まった。彼らの努力は大きく評価されるべきであろう。
　モンゴル民族の生活に仏教は今も大きな役割を果たしている。結婚，葬式など生活における重大なことを実行する時，吉日と方位をラマに見てもらう習慣は今でも残っている。

　また，2007年11月20日，「第40回全日本仏教徒会議神奈川大会」パシフィコ横浜においてチベット仏教法王ダライ・ラマが在日モンゴル人のために念誦演会を行った。世界各地域から来日しているモンゴル人およそ730人が集まった。仏教のもとで在日している世界各地域のモンゴル人がお互いに理解し，交流できるチャンスになった。モンゴル民族の伝統文化になった仏教がモンゴル民族の「思想道徳教育」の中に果たす役割があることについては，今後の課題としたい。

注

(1) 色・嘎拉魯『蒙伝佛教佛経文化術史』内蒙古人民出版社，2003年，50～51頁。
(2) 『十善福白史冊』内蒙古人民出版社，1981年，72頁。
(3) 菅沼晃『モンゴル佛教紀行』春秋社，2004年，vii頁。
(4) 斉・宝力格『馬頭琴与我』内蒙古人民出版社，2000年，10頁。
(5) 同(3)。
(6) 同(3)。
(7) 同(3)。
(8) 坂口慶治・植村善博・須原洋次『アジアの何を見るか』古今書院，1993年，52頁。
(9) 同(3)。
(10) 『元朝秘史』小沢重男訳，岩波文庫，156～160頁。
(11) 同(2)，100・119頁。
(12) 『元史』（縮印百衲二十四史元史）巻202「八思巴傳」商務印書館，1958年，2164頁。
(13) 同(12)，巻50，1827頁。
(14) 同(12)，巻6「世祖三」69頁。
(15) 同(12)，巻58「地理一」679頁。
(16) 同(12)，巻81「選挙一」978頁。
(17) 同(12)，巻81「選挙一」978頁。
(18) 同(12)，巻81「選挙一」978頁。
(19) 『大元聖政国朝典章（元典章）』（上冊）巻31「学校一」文海出版社，1963年，448～449頁。
(20) 同(19)。
(21) 王風雷『教育』内蒙古教育出版社，2003年，159頁。
(22) 同(12)，巻27「英宗一」330頁。
(23) 同(12)，320頁。
(24) 同(12)，巻29「泰定帝一」351頁。
(25) 同(2)，81～84頁。
(26) ゾリゲト『漢藏蒙対照佛教辞典』北京民族出版，2003年，913・918頁。

⑵7 SH・Nactagdorj『Altan tobqi』Ulaanbator，(1958) 310頁。アラタンチン姫は流産し，悲しさのあまり生きる気力がなくなった。その時，当時のシャーマンの代表である人物が，姫の機嫌を取るために姫の運勢を占った。この世に生まれて来なかった子どもの鎮魂のために「百人の母を泣かし，百頭の母親駱駝を悲しませる」と言い，百人の子どもと百頭の子駱駝の命をささげればいいと言った。それが皆の反発を買い，庶民の反乱を引き起こすまでに進んでいった。

⑵8 『大清太宗皇帝實録』(二)巻四十四(二十七)，台湾華文局，1963年，760頁。

⑵9 意都和西格『蒙古民族通史』第4巻，内蒙古大学出版社，2002年，365頁。

⑶0 金峰『呼和浩特召廟』内蒙古人民出版社，1982年，96頁。

⑶1 ソドバ『ソニデ左旗史記』ソニデ左旗史料办公室出，1987年，111頁。

⑶2 『民族区域自治与蒙古族的発展進歩』内蒙古教育出版社，2004年，188頁。

⑶3 留金鎖『モンゴル簡史』内蒙古人民出版社，1985年，267頁。

⑶4 同⑶1。

⑶5 同⑵1，552頁。

⑶6 ウ・ナランバト『モンゴル佛教文化』内蒙古文芸出版社，1997年，80〜81・91・92・94・97・105頁。

⑶7 蕭大亨『北虜風俗』ホヘウンドル／ヘ・アサラルト訳，内蒙古文化出版社，2001年，100頁。

⑶8 嘉木揚・凱朝『モンゴル仏教の研究』法藏館，2004年，279頁。

⑶9 同⑶8，280頁。

⑷0 同⑶8，280頁。

⑷1 同⑶8，280頁。

⑷2 ロブソンチョダン『モンゴル民族風俗鑑』内蒙古人民出版社，1981年，164〜166頁。

⑷3 同⑴，65頁。

⑷4 2008年5月8日，聞き取り調査。内モンゴル師範大学教授モンゴル哲学家包氏から。

⑷5 蘇魯格・那本斯『簡明内蒙古喇嘛教史』内蒙古人民出版社，1999年，3頁。

⑷6 同⑴，20頁。

⑷7 同⑴，58頁。

(48) 同(38), 335頁。
(49) 同(38), 153頁。
(50) ベ・リンチン『モンゴル語法』(上冊), 内蒙古人民出版社, 1992年, 184〜185頁。
(51) 同(3), 161頁。
(52) 同(21), 756〜761頁。

第2章
内モンゴルにおける民族の近代教育

第1節　貢親王による民族文化復興運動

　内モンゴルにおけるモンゴル民族教育は，共産党が主導する中央政策のおかげで現在の教育水準にまでなっているというイデオロギー的主張が中国では多く，教育の面での実際には触れずに抽象的な論議で終わり，具体的な教育内容について述べた研究はわずかである。しかし，内モンゴルにおけるモンゴル民族の教育水準が，中国56民族の中でもトップレベルにあることは，歴代モンゴル民族教育家の努力なしでは考えることはできない。このことは，今日の内モンゴルにおけるモンゴル民族教育の基礎になっている。

　清朝末期，官僚の腐敗，対外戦争の長期化により，国庫が空になり，清朝崩壊の危機が迫った。打開策として政府は，開墾する大人数の農民（漢人）をモンゴル草原に移住させた。モンゴル草原に入った漢人が清朝末の「滅満興漢」という中国思想界の影響で，当時の清政府，新軍閥と結託し，モンゴル民族に多大な被害を与えた。そのため，民族の存続に危機感を持った有識者たちが立ち上がった。その中の一人がモンゴル族の王族の貢桑諾爾布親王（グンサンノルブ）（以下，貢親王，1871〜1930）である。

　貢親王は，20世紀初頭にモンゴル草原で学校を創り，近代教育制度を提唱し，モンゴル民族教育の発展に貢献し，モンゴル人の生き方を変えるきっかけを創った人物である。

　清末期から中華民国期にかけて活動した貢親王を中心としたモンゴル人自身によるカラチン（喀喇沁）右旗学校[1]，「北京蒙蔵専門学校」[2]とその教育活動

の展開及び内モンゴルの独立を見据えた活動は、モンゴルにおける近代教育を意図し、当時の日本近代教育制度と教育内容を参考にして、モンゴル民族の歴史、文化、民族的アイデンティティの育成にも繋がる教育を行っていた。それは当時だけではなく、今の中国社会情勢から見てもきわめて特別な意味があると考えられる。

貢親王は、1902年にモンゴルにおける最初の近代学校「崇正学堂」を創設し、学校創設の主旨について次のように述べている。

> 「我々モンゴル民族の場合、元朝の崩壊以降、砂漠の地に退き、民族文化自体が衰退していた。その原因はどこにあったのか。学校を創り、文武両道の教育をすることなしには漢人に蔑視され、欺かれる状態を続けざるを得ないだろう。必ず官民一体となって学校を創設し、モンゴル民族の教育水準を高める必要がある」[3]。

この言葉が如実に示しているように、彼は、貧富を問わず、男女を問わず、年齢を問わず「平等に教える」[4]ことをもって、モンゴル民族の「性格を勝気にし、頭脳を明敏ならしめ」[5]ようとしたのである。旗の庶民の子女にも、王公、貴族の子弟と同じ教育を与え[6]、もって平等な社会づくりを試みた。20世紀初頭に始まった「教育求亡」運動がモンゴル民族の教育史上に重要な意味をもち、モンゴル民族における近代教育の第一歩になった。また、このことは、蒙古私塾や寺院を中心とする封建的教育から近代的民族教育へと転換させる歴史的な出来事であった。彼は、近代教育理論をどのようにして学び、理論と実践の関係をどのように把握していたのであろうか。本章は、この点の解明を目的とするものである。

貢親王に関する先行研究では、彼は「日本人の先生を招き、日本語で授業を行い、完全に日本の教育方式を採用した。以上から、貢親王は日本の科学技術と教育思想を崇拝した妥協的な傾向があることを表している」[7]と述べている。また、カラチン右旗学校では「日本語、日本文が4時間、モンゴル語

が週3時間，漢文が週2時間という割り当てであった。このような3言語により言語教育が実施された背景には，清朝期における中華帝臣民の[種族的]同一性を強調した立憲主派の民族政策の影響があったと考える。また，カラチン右旗学校における日本語重視は，貢親王の日本への関心と日本側のそれを利用した満州進出という政治的意図が結合した結果でもあった」[8]と誤解されている。もちろん，貢親王が「モンゴル民族の頭脳を明敏させるため学校を創設し，平等に教え，大胆的に改革し，外国の先進技術を学び」[9]，モンゴル民族の教育事業に貢献したことを取り上げた研究者もいる。しかし，それらの研究では，1902年に創設されたモンゴル初の近代的学校がどのような性質・特徴・目的をもっていたのか，充分な分析をしているとは言えない。

そこで，本章では，モンゴルにおける最初の近代的学校を創設した貢親王の時代を紹介し，彼が日本を訪問し，どのような影響を受けたか，そして創設した近代的学校制度の性質・特徴や，教育で民族を救うという目的について検討したい。そして貢親王の教育思想がモンゴル全地域に与えた影響について考察する。

第2節　貢親王の人間観・教育観の背景

1　清朝における少数民族政策

清朝における統治システムは満人（族）が万里の長城内に入った後，基本的に明朝の統治システムを継承していた。清朝政府は地域と民族によって，中央に住む人口的多数を占める漢族以外に，西南部にいた少数民族とモンゴル，チベット，ウイグル等の藩部に対して統治形態を使い分けていた[10]。1638年「藩部」の事務を司る「理藩院」を設立した際，モンゴル人に「盟旗制度」を実施し，王侯に官位，爵位を与え，「順逆」[11]（清朝の時・モンゴル王たちが清朝に誠実であるかを確認する基準）を基準として規範性を確立し，モンゴル藩部への漢人の移住を禁じ，異民族と漢族間の隔離政策をとっていた。

清朝末，国庫が空になり，清朝崩壊の危機を救うため，1906年から清朝が，

45

とくにモンゴル側のロシアに対して防衛と開発を強化するために,「新政」を実施し,漢族官吏による機構改革,新軍の配備,新式学校の取り組みなどの改革を始め,内地から多数の農民を内モンゴル草原に移住させ,開墾を行った。それは,清朝が「領域世界」に配置される膨大な官僚組織を既存の「漢人」官僚に頼って支えるほかなかったからで,漢語を「公用語」(行政用語)として多用するようになった。つまり,清朝にとっての「漢語」は,あくまで政治統治の現実に根ざす実用的な目的によるものだった。[12]

2 貢親王の生い立ち

貢親王は,1871年に卓索圖盟カラチン右旗の世襲郡王旺都特那睦吉勒(ワンドゴトナムジラ)の長男として生まれた。モンゴル名貢桑諾爾布(グンサンノルブ),別名楽亭,またはクイアンとも称した。チンギス・ハーン勲臣ウリヤンハイの子孫で,内モンゴルゾソト盟カラチン右旗,世襲ザサクドロドリン親王であり,ゾソト盟長を兼任していた。

貢親王6歳のとき,山東省の丁(ティン)という名の挙人(科挙に合格した人)が王の教師として招聘された。同時に,カラチン旗の伊成賢という人物も招聘され,モンゴル語と満州語を教えた。14,5歳のとき,四書五経などの古典を熟読し,八股文書(科挙を受ける試験)を書けるようになり,詩を作り,チベットで長く暮らしたラマに学んで,チベット語で書かれた経典も読めるようになった。河北省の武術の教師から武術も学んだ。

性格は穏やかで親しみやすく,モンゴル語・満州語・漢語・チベット語など各種の言語に通暁し,吟詠を好んだ。彼の著書『竹友斎詩集』が今日に伝えられている。文章・書道・絵画にもすぐれていた。[13]

3 貢親王の人間観と教育観

貢親王の青年時代,中国ではアヘン戦争の教訓から,外国人教師を招いて近代的な学校と軍隊づくりの気運が高まっていた。1895年の甲午戦争(日清戦争)での敗戦経験から,中国は西洋近代文明の成果を取り入れ,日本の学

校制度にも学んだ。そのような情勢の中，1899年カラチン右旗の王となった貢親王も，モンゴルにおいて新しい学校づくりに取り組み始め，1902年にモンゴルにおける最初の近代的学校を創設した。

彼は当時の社会状況を分析するとともに，清朝と欧米列強を比較考察し，「古来，各国各民族の社会では階級制度があり，人々を何段階にも分けた。上位の人は下位の人を蔑視し，その暗黒制度を保持し続けたせいで，国が発展できなかった。西欧のイギリス，フランス，ドイツなどの国では，改革によってその古い制度を改めたので，今日では列強となることができた[14]」と述べている。

清朝末，官僚の腐敗と政府の無能により，民族対立が激しくなり，1891年には，内モンゴルのゾソト盟のオーハン旗に起こった「兎年暴乱」で15万人以上のモンゴル人が殺害された[15]。

第1章第1節3で述べたように，この時代，モンゴルの王たちは，清朝政府のモンゴル民族愚蒙化政策の下に，モンゴル仏教に基づく仏教教育のみを人々に強制していた。

貢親王はそのような政策を否定し，自らが治める「旗」の官民に対して，「西欧列強においても，かつての野蛮時代から，国民教育を進めることによって次第に精強な国家を建設していった。一方，東海の島国である日本においても『明治維新』の時期に欧米各国に人々を派遣し，制度の維新を行い，学校制度をつくり，工業を振興することによって，数十年間の内に富国強民を実現した[16]」と述べた上で，「近年来，税や雑役・兵役の負担を減らしたのは何故か，依然として子どもを寺にやり続ける平民たち，考えてみよ。モンゴル人の人口が減少すれば，ラマの人数も減り，宗教も力を失う。今後，2～3人の男子をもつ家庭では子どもたちをラマにするのを禁止する。所属する各ジャラン・ジャンク（清朝官僚等級名）たちは私の言う通りにするように。命に反する者は，捕らえてザサカ（行政名）庁に連行するように。取調べの後，処分する。皆，この命を守るように[17]」という訓令を発した。

1902年10月31日，モンゴルにおける最初の近代的学校「崇正学堂」が開設

された。崇正学堂の開校式典の折，貢親王は，「私は王になり，人の上に立ち，誰からも尊ばれていて，足りないものがない。しかし，私の民の子弟たちが入学するのを目にすることができて，私はこれまで，今日以上に嬉しいと思ったことはなかった」[18]と述べた。

当時，モンゴル人は事情が分からず，「学堂は天主教堂と同様である。我々の子どもが入学すれば今までと異なる宗教の信徒になってしまうだけでなく，海外にまで送り込まれ，結果がどうなるか分からない」などといろいろな噂が出て，一時，人々は恐れ，一部の人は子どもを連れて逃げたり，野菜を保存する穴蔵に隠したりしていた。貢親王は何度も人を派遣し宣伝を行ったが，少しも効果が上がらなかった。そこで，彼は次のような命令を下した。「学校に子どもを送った世帯は戸籍税を免税し，しかも特別に正門に無賦役という木札を掛けるようにし，物資や金銭で労役を免れることを奨励する」。それでやっと次から次へと子どもを学校に送る家が出てきた。1903年になると，次第に学童数が増え，北京から新しい師範学校を卒業した2人の漢人教員を迎えた。[19]

女子学校を創るとき，人々はこんな噂をした。「今度王府へ洋人が来たそうだ。それで王から娘を連れて来いということだが，娘を連れて行ったら一体全体どうするのだろう」「王は今度，百名の女児を集めて日本へ送るそうだ」「日本へ送ってどうするのだろう」「日本人が食べるのだそうだ」「いや食べるのではない。骨を取ってシャボンをこしらえるのだそうな。シャボンの材料は人間の骨なんだ」「いやいやそれもちがう，写真というものは眼が大事だから，若い娘たちの綺麗な眼球をえぐり取って，写真の眼に使うのだそうな」。

また，貢親王が王府内の大工に命じて机や椅子を造らせたのに対して「娘達を王府へ連れて行くと，洋人が木の檻の中へ入れてしまう。ああ恐ろしや恐ろしや，こんな王の下にあっては，今にどんな目にあわされるか知れぬ」[20]というような噂が流れた。

学校を創設して，2，3年運営を続けると，出費がかさみ，旗政府は経済

難に陥った。この状況に心を痛めた王は，財政難を解決する具体的な措置として，まず王府内にあった骨董品や名人の書画，貴重な衣服などを北京に運び，その代価を学校運営に充てさせた。しかし，この代価は各学校教師の給与にも満たないものだったため，王は土地の一部を開墾し，そこから得られる租税をもって，この経済難に対処するように旗政府会議で提案した。さらには，王が代々清政府から受けてきた俸金も旗政府に提供した。[21]

第3節　貢親王の日本訪問と教育改革

1903年，日本は，極秘のうちに貢親王（カラチン王）を日本に招待した。カラチン王府は，内蒙古東西6盟，24部，49旗中の1旗で，「カラチン右旗」と言い，モンゴルの南方に位置し，「東西275清里（日本の1里は約6清里）南北263清里，面積3万2800平方清里，海抜2000余尺，中央はカラチン中旗に喰い込み」，「凹字を逆様にしたるがごとき地形」[22]を成している。

カラチン右旗王府の北京よりの道程「690清里」[23]であり，カラチン草原は，内モンゴルを南北に貫く熱河大道の要衝に位置し，北へ進めば赤峰・洮内等を経て，遠く斉々哈爾（チチハル）や海拉爾（ハイラル）にも達し，外モンゴルからシベリアにも通じている。したがって，日本軍がロシア軍に対して，側面または背後的活動をしようとすれば，どうしてもカラチン王府を足がかりにする必要があったのである。王妃は親日家粛親王の妹であった[24]ので，王の日本への招待は日露戦争勃発という風雲急を告げる事態に際し，カラチンに親日の地盤を築くという目的もあったのである。[25]

1903年の春，貢親王と幾人かが自分の家来を連れ，日本の在清公使内田康成（1865〜1936）の紹介により清政府の許可を得ないまま，天津から日本の郵船に乗って日本に渡った。

貢親王は，当時の日本国首相大隈重信（1838〜1922）の招きを受け，日本政府の維新政治を調査するとともに，1903年3月1日から7月末まで，大阪で開催中の内国勧業博覧会を視察し，日本の各大都市を訪問した。[26]

清朝政府が崩壊寸前になっていることを理解し，強力な軍隊を配備するとともに，練兵学校を設置し，国を救うことが必要であることを実感していた。

日本訪問中，貢親王は二人の日本人から影響を受けた。

一人は，明治から大正にかけて活躍した歌人にして，女子教育の先覚者，東京実践女子学校校長下田歌子(27)（1854～1936）である。彼女から影響を受け，女子教育の重要性を理解した。

もう一人の人物は当時の陸軍少将福島安正（1852～1919）である。貢親王は彼との会見によって軍備保持の必要性を再認識し，「民族を救う」曙光が見えたという。1903年の夏に帰国した貢親王はその後，旗で維新政治を行い，単に初等学校だけでなく，軍事学校と女子学校の創設に乗り出している。

貢親王の教育改革の方針は次の5つにまとめられる。

1. 人民は皆教育を受ける権利があり，教育を受け知識を広めることによって，近隣諸国に負けない文化と生活水準を獲得することができる。

貢親王は，日本の当時の社会状態について次のように述べている。

「私は今回日本に渡り，一つ分かったことがあるが，それは日本という国は，上は権力者から下は庶民まで一致団結し，一心同体であるということである。臣と民に分かれているが，法制が完備され，お互いに仲良く暮らしている。庶民は君臣のことを厳しい親のように見ていて，君臣は庶民のことをわが子のように見ているから，上の者も下の者も一つ心になって，各自安定した生活をし，生業に励んでいて，のらくらして働かない人はいない。妻たちはその夫に協力し，家事や子育てに励んでいる。日本の国には学校が多く，年齢や性別に関係なく学校に入り，各分野で教育を受け，各種の職業に就く能力を身に付けているから貧困者の数は非常に少ない(28)」。そこで貢親王はモンゴル族の現状を分析し，教育と学校の必要性をこう説く。

「強い意志を持てば，弱い者は強くなり，貧しい者も豊かになることができる。考えてみれば，チンギス・ハーンも，もとは小さな部落を率いて

いたが，その後世界を制覇するようになった。わが旗（ホシュウ）は大きくないが，それでも，数千戸の世帯が暮らしている。皆強くなり得るのではないだろうか。強くしてしかも豊かになるためにはまず学校を創らなくてはならない」。

貢親王は自ら官民のお手本になり，財産を提供し，新しい学校を創る準備をし，こう宣言した。すなわち，「旗衙門近くの大西溝という所に三公爺の遺産である建物がある。そこに軍事学校を創る。それに私の所有する王府燕貽堂は広く，もともとは劇場である。そこを補修し，女子学校にする」と。

貢親王は，軍事学校「守正学堂」創設の趣旨をこう述べている。

「昔から今まで各民族と国は皆軍事力で自分たちの民族と国を守ってきた。例えば，光緒17（1891）年，各旗に生活する漢民が暴動を起こし，蒙民は大きな被害を受けた。もし当時各旗に数百名の精鋭武装勢力があったら，そこで暮らす人々はあんな酷い目に遭わなかったはずだ。だから，軍事学校を創る目的は国境の警備を固め，全旗の治安を守るためである」。

2．「平等に教える」基本を貫く。貧富を問わず，親戚や他人を問わず，男女を問わず，年齢を問わず，誰もが平等に入学できる権利をもっていると考え，寄宿料，制服，学費などすべて無料と決め実施する。特に，女子に対する教育を重視し，男女平等に教育を受けてこそ，モンゴル民族はますます発展する。

清朝の政策でモンゴル族成人男性の半分以上がラマとなってしまった。仕事の分担においては，男性は馬に乗って大きな動物（馬，牛，駱駝）を放牧し，女性は家の重要な労働力として，子育てをし，羊，山羊を飼い，乳製品を作るなどの仕事をする。

貢親王は女子教育について，次のように述べている。

「子育ては母親によって行われ，そこで子どもが成長していく。子どもは幼い頃から一番母親のまねをするから母親の性格・言動・行為すべてが子どもに影響を与える。もししっかりと母親の教育ができていれば，その

図2-1 女子学校の写真

河原操子先生（後列左），貢親王（同中央），王妃（同右）。

子どもたちに対して就学前の家庭教育ができる。例えば，文字の読み書きができ，きれい好きな人になるという教育を初め，子どもは誠実で真面目，しかも年輩の人を大事にするという優れた品行をもつ人間に育つことができる。学校に入れば，さらに学業品行ともに優秀な人材に育っていく。したがって，民族の振興は，その一人一人の教育のレベルを高めることにある。これが，私が女子学校を創る目的である(32)」と述べている。

モンゴル社会の生活環境を分析し，女子教育の必要性を示し，具体的に女子学校（図2-1）を創設した貢親王の功績は100年前の封建国家の王族としては素晴らしいものである。

3．人民の教育水準を高めるために，児童に対しては男子学校，軍事学校，女子学校を創るとともに，「旗」の人々全体のために，成人学校（識字学校）を創る。

貢親王は，旗全民に対し，児童を女子学校及び軍事学校に入学させるように訓令を発し，まず1903年12月28日，モンゴルで初めての近代女子小学校「毓正女学堂」を創設した(33)。

1905年には，貢親王は，人民の知識を広げるために，隔日刊の「嬰報」という新聞を発行して無料で配布した。さらに，モンゴル人の中に読み書きのできない者が多かったため，貢親王が英語のアルファベットをモンゴル文字に充てて読み方を体系化し，まず軍隊の中で使い，後に旗の平民に広めた。貢親王の母親がその識字運動に参加したおかげで，その運動は早く広まり，数ヵ月の間に大多数の人が新聞を読めるようになった。(34)

4．学校教育を町興しのためと考え，卒業生の就職斡旋に積極的に取り組む。

教育救国論は，中国が貧しく，列強に侵略される原因を教育不振による人民の後進性に求め，教育の普及で国家を富強に導くことを救国の道とする近代中国の理論である。これは，清末の洋務派や変法派を初め，1910年代から20年代にかけて盛んに唱えられた。デューイ（John Dewey，1858〜1952）の影響を受けた黄炎培（1878〜1965）らが1917年から指導した職業教育運動，晏陽初（1890〜1990）や陶行知（1891〜1946）らが指導した平民教育運動などがある。

しかし，モンゴル地域では，その運動より早く，1902年から貢親王が学校を創り，救国の有力な手段とした。卒業生は学歴によって学校，新聞社，企業，撮影（カメラマン），郵便，養殖業，警察，商業等に就職を斡旋され，採用された。(35)

貢親王はさらに郵便制度をつくり，王府から90華里（2華里は約1km）離れた囲場県へ電報用の電線を通した。また，郵便局に3名の職員を勤務させ，北京とカラチン王府の間を徒歩で行き来し，郵便物を集配するようにした。そのおかげで，この旗の人々（とくに教師などの知識階級）は北京からの情報をいち早く得ることができるようになった。

王府の東側の坏廠子村に工場村が造られ，織物工場，染色工場，絨毯工場，シャボン工場，蠟燭工場などが設立された。王府の西側の八家村には北京にあるロシアの道勝銀行から三万両銀を借りて「三義洋行」という名の百貨店

が開設された。そこでは工場村で製造した製品だけでなく，北京からも旗の人々に必要な商品を数々仕入れた。この百貨店は，後に北京に並ぶほどの賑わいを見せるようになった。(36)

5．人材を発掘し，中国の大都市（北京，上海，天津）や日本国などに留学生として派遣する。

　1903年に，貢親王は，崇正学堂から優秀な学生デゲジンゲ，エンヘブリン，テメゲト，ノミンペレの4名を選抜し，北京にあるロシア語の学堂に送った。

　貢親王が日本を訪問して，帰国した後，于昌明，ウルバトの2名の学生を上海南洋中学堂に派遣し，またノノンペラ，アラタ，ナソンウリジ，バンダムジ，アラジンブの5名の学生を北京陸軍貴族学堂に送った。旗の軍隊からもウルグムジ，ティダン，ネムゲチの3名を選抜し，秘密裏に北京駐在の日本軍へ送った。

　さらに，1905年に河原操子（1875～1945）が日本に戻るとき，何恵珍，于保賢，金淑賢の3名を女子留学生として，また1906年冬には，イテシン，ノミンビリゲ，エンヘブリン，ティムゲト，于恒山の5名を男子留学生として合わせて8名を日本に派遣した。(37)

　1908年正月，貢親王が自ら改革の経験を整理して，モンゴル地域に関する八つの方策「銀行を創る，鉄道を建設する，鉱物を開発する，農業を整理する，外交を予前準備する，教育を普及する，新軍を訓練する，警察をつくる」ことを皇帝に提案した。(38)

第4節　近代的学校制度の確立

　モンゴルの近代的学校にとって，日本人の河原操子という女性教師は欠かせない存在である。貢親王が，1903年に日本を視察した際に，下田歌子が女学校教師に河原操子を推薦した。そのいきさつを，河原操子は『カラチン王妃と私』という本の中にこう書いている。

「日本当局は，明治36（1903）年の春，極秘のうちに貢親王を日本に案内した。親王は日本の文化・産業・軍備などを親しくご覧になられて，日本に対する理解を深められ，その折，蒙古の女子教育を日本風に行いたいとのご希望から，日本人女教師招聘の思召を漏らされ，結局私がその大任を負わされることになった(39)」。

貢親王は，日本から帰国後，女子教育をなるべく早く開始する必要があると感じ，1903年12月28日に開堂式をすることに決めた。こうして，モンゴル最初の女子学校「毓正女学堂」が設立された。

河原操子は，「北京から出発して9日間ラバ轎の旅を続け，1日の休養をとりもせず直に準備に着手して，1週間の後に女学堂を開始せんとするごとき，無謀に類する急速なれども，兎も角開始を急ぎ，内容の整備は徐々にせんと考えたなり」と述べ，また「学校規則は，我が作りたる原案を，王爺が漢文に訳されしものなり(40)」とも書いている。

学校規則は全部で17節，30条からなり，宗旨，科目，学年，学期，職員，経費，年齢，入学，時間割，試験，免許，年限，休息日，退学，優遇，服装，学生規則，斥退及懲罰，見学堂制度までを定めている(41)。

開堂当初の生徒は，「王妹及び後宮の侍女と，王府付近に居住せる官吏の女子とにて，24名(42)」で「陰暦新年に，入り，生徒の数は増して60名に達し，幼年者は7，8歳，年長者は23歳と，20歳を越える者はただ1名のみで，大方は14歳から17歳まで(43)」であった。彼女ら学堂生徒を「頭班，二班，三班」の3級に分けて教授したが，当時の日本式教育の実践と同様であった(44)。

その女学堂の主旨は「知識を発達させ，身体を健全ならしめ，高尚な性格を養い，賢良の基礎(45)」を培うことであった。

学校規則の第2節に「学科，学年，学期」が規定され，聡明な幼い子どもたちが「尋常科」を卒業したら，続けて「高等科」に入ることができ，年長の者でも就学を希望する者があれば「専修科」に入って勉強することが許された。「特設専修科（補習）は学力が足りない人のために設立した科である」と書かれている。また，年限は「尋常科4年，高等科4年，特設専修科2年」

と決められた。子どもたちは貧富を問わず元気であれば入学できた。学校規則の第4節には「経費はすべて旗政府から支出し，個人は一切払わない」と決められている。

入学年齢は学校規則の第5節に「8歳以上」とあり，専修科の場合は制限がなかった。

学校には寄宿舎・食堂と小型の図書室がある。さらに王府から通学し，寄宿舎に入ることを望まない生徒に対しては2頭の馬車による送迎が行われた。

学校は毎年2月15日に始まり11月15日に終わった。1学年3学期制である。2月15日から5月15日までが第1学期，5月15日から8月15日までが第2学期，8月15日から11月15日までが第3学期である。

授業は原則午前10時から午後4時までの5時間だが，冬は午前11時から午後3時までである。試験は2種類あり，大試験は学年末毎に行い，合格者は進級できる。小試験は学期末毎に行い，取った点数により席次を付ける。

卒業者に卒業証書を与え，年長にして，品行と成績優秀な者に特別な免許を与え，本堂の副教師か，他の小学堂の教師になることを許す。学生の途中退学は禁止されている。止むを得ず退学する場合は，家族が退学理由を書き，学堂の学長の許可を受けなければならない。退学及び懲罰は，①訓戒，②申斥，③面壁立，④立講堂外である。

制服は第14節に規定され，一律に藍布長衫，距袖口二寸，1年生は釘黒帯一条になり，2年生は釘黒帯二条になる。

休日は，①日曜日（星期日），②土曜日（星期前半日），③清明節，④4月初十日（家廟大祭日）などであり，11月10日から2月14日までは年末休暇及び冬期休暇である。[46]

崇正学堂の学長は貢親王自らが兼任したのに対し，毓正女学堂は福晋（王妃）が学校の管理を担当した。教育顧問には日本人の教師，教頭には中国の江南名士を任命した。

教えられた学科目は修身・モンゴル語・漢語・日本語・歴史・地理・算術・理科・図画・家政・裁縫・音楽・体操[47]と定められた。

第2章　内モンゴルにおける民族の近代教育

　学堂は，最初は簡単な内容から徐々に難しくするという教育方針を実施した。また河原によれば，「技芸は生徒の最も好む所」で，裁縫，編物は「他の何の科より喜び，従って又巧み」であったという。学科中最も成績の悪かったのは数学，算術であったが，生徒は別に嫌う様子もなく，熱心に勉強したともいう。ただ「地理歴史の概念は皆無」であったと述べている。

　学堂で，日本とモンゴルの唱歌をうたわせ，学生たちの製作品を展示し，生徒の会話練習のために同窓談話会という会を設け，就学の奨励のために「園遊会」を催した。

　園遊会は，広く旗下の人民を招待し，歓談のうちに教育の必要を宣伝せんとするものであり，王妃の快諾により園遊会が開催された。園遊会に参加したのは官民併せて約300名で，盛会であった。この園遊会の成功は，これまで河原に向けられていた疑念をも晴らし，その後は，毎月2，3回ずつ人民を集めて講話会が開かれた。その評判は遠方まで及び，1905年秋の園遊会には，参加者700名あまりに達する盛況ぶりであったという。河原は，「この会は単に教育思想普及上効果ありしのみならず，王と旗下人民との関係を，円満親密ならしむる上に力ありたれば，王も王妃も深く満足したまいぬ」と述べている。

　河原操子の帰国後，彼女に替わってカラチン右旗の教育に関わった鳥居龍蔵は，貢親王の希望に応じ，1906年陰暦11月に，希光甫，刑宜庭，包らとともに「喀喇沁王府モンゴル語読本」（3冊）及び『モンゴル語人物伝』（1冊）というモンゴル語の教科書を編纂し，翌年の4月20日に，大日本図書株式会社により印刷・発行される。「喀喇沁王府モンゴル語読本」の第1冊はモンゴル語母音基本教科書であり，第2・第3冊は修身，地理，歴史，唱歌等の4部から構成されている。『モンゴル語人物伝』は，誠実に生きようとした庶民の物語である。これらの教科書は，モンゴル人（外モンゴルと内モンゴル）自身による最初の正式な教科書であった。

第5節　貢親王の教育による民族救済の意図

　1899年にゾソト盟カラチン右旗の王となった貢親王は，清朝政府が崩壊寸前になっていることを理解した。清朝末期の「反清思潮」は「駆除韃虜，恢復中華，地権平等」を政治主張に含み，1890年代になると明末の著作に刺激を受けて満州族の支配を打倒して漢民族の支配を復活させようとする「韃虜」排除の潮流が発生してきた。そこでいう，「韃虜」とは，清朝を担った「満州人」を初めとした「漢人」以外の「種族」を指す概念として用いられ，「恢復中華」とは「漢人」による「中華世界」の回復を指していた。

　1891年，各旗に生活する漢民が暴動を起こし，モンゴル人は大きな被害を受けた。清朝打倒を目指す革命運動家は反清復明思想を利用し，鄒容（1885～1905）による『革命軍』などの著作が生まれ，知識人の間に広がった。孫文などは民族革命より政治革命を目指していたが，辛亥革命には「打倒韃虜」も一定の影響を与えたことは事実である。

　そのような社会的背景の下，「日露戦争」でロシアが負け，1903年に貢親王は大阪で開かれた第5回国内勧業博覧会を訪れることによって，日本の発展している様子を自分の目で確認できた。

　貢親王は当時の社会状況から，内モンゴルが独立するチャンスと考え，準備をしてきた。貢親王は，清朝政府のモンゴル人に対する軍事学の禁止命令を無視し，軍事学校「守正学堂」を創り，1906年冬には，男子生徒5名を日本に送り，振武学校に留学させた。

　1912年の旧正月に貢親王は北京駐在の日本正金銀行から3万両の銀を借り，日本泰平会社から銃弾購入の契約を結んだ。泰平会社が南満州鉄道の鉄嶺駅で品物を渡すとき，貢親王は人を派遣し，一つ一つ調べて受け取ると約束した。その後まもなく貢親王は北京に滞在していたバリン旗王ザガーラと2人で曹錕（ソウコン）軍の反乱を利用し，武器が届き次第動くと決めて，それぞれの地元に戻った。貢親王は地元に戻り，旗の高官を集め，秘密会議を開き，そこで内

モンゴル独立計画を次のように発表した。

「ここ数年学校を創り，軍隊を訓練し，事業を振興することに力を入れてきたのは，ほかでもないモンゴル民族独立のための準備である。いま清が転覆し，民国が始まり，外モンゴルが独立するというのはちょうど私たちにとって絶好のチャンスである。もしこれ以上時期を引き延ばすならば，これまでの努力が無駄になる。日本泰平会社に注文した銃弾はもうすぐ届くと思うので，人を派遣し取りに行ってもらわなくてはならない。諸君，十分に考えてほしい」[56]。

「教育救亡」運動は近代教育理論に導かれた運動であるが，民族独立運動などの政治運動とは性質が別である。それは，教育を通じて人々の考え方，生き方を変える運動である。しかし，実は教育が歴史，政治，経済などとは無関係ではないのは教育運動のもつ本質的な限界である。

貢親王の「教育で民族を救う」という運動は，カラチン右旗を中心に行われた教育運動であり，全内モンゴル地域には行き渡らなかった。当時，旗の王たちは清の中央政府と直接交渉できるが，各旗間の交流は禁止されていた。内モンゴルの王たちは清朝政府のモンゴル民族愚蒙化政策の下に，モンゴル民族を救うというより，自分の目先の利益しか考えていなかった。

王たちは貢親王の呼びかけに興味をもつどころか，逆に貢親王が反乱を起こそうとしているとしか受け止めなかった。貢親王は，旗の高官たちが保守的で，自分の計画や行動の妨げになっていることを認識した。しかし，武器の受け渡しの件も目前に迫っていた。ところが，泰平会社は武器を鉄岭駅まで運ぶという約束を守らなかった。彼らは数十個の木箱に銃弾を入れ，表に「東蒙開墾用新式農業用具」と書き，それを十数台のトラックに載せて，チャイナ服を身に付けた数十名の日本の浪人が監視して荷物を運搬した。しかし，鄭家屯近くで，呉俊昇（1863～1928）の軍隊に発見され，人は銃殺され，銃弾は没収された。貢親王はそのことを知って，非常に悲しんだ。武器購入の失敗や役人の反対で，貢親王は内モンゴル独立のすべての計画を断念せざるを得なかった。

しかし、彼は諦めなかった。「熱河を境に自治を実行する」と呼びかけた。[57]
1912年の冬、貢親王は自分の王府内に熱河境界の各モンゴル旗の王、ジャサグや各県の紳士を集めて連合会議を開いた。会議では自治を実行する案が具体的に協議され、全員一致して、貢親王をその責任者に推挙した。貢親王がその策を実行しようとした矢先、熱河の最高責任者熊希齢（1870〜1937）に知られ、すぐに清朝の総理大臣袁世凱（1859〜1916）にも知らされた。袁世凱は貢親王を居所から誘い出し、北京に軟禁した。貢親王は後に招聘されて「蒙藏院」総裁となり、[58]さらに「蒙藏学校」を創って校長となった。袁世凱北洋政府に軟禁され、名目だけの「蒙藏院」の総裁だったが、貢親王は学校を創り、教育を実施することは忘れなかった。

　こうして内モンゴル独立計画は失敗で終わる。しかしながら、カラチン右旗学校で学んだ留学生らが日本人と机を並べ、同じ教育を受けたということは、清朝末期に近代的な教育が少数民族教育の萌芽としてモンゴルに誕生したことの証左といえよう。[59]

　本章は主に、貢親王の教育思想と旗の学校について考察を行った。彼自身、王から校長になり、校長としても成長し続けた。

　1913年に北京で開設された「北京蒙藏専門学校」は、当時のモンゴル民族の教育に大きな影響を与えた。この学校は、モンゴル人学生を専門に育成する３年制の国立公費学校で、王公貴族の子弟と一般平民の子弟ともに入学できた。主に漢語、モンゴル語、チベット語、修身、中華民国と外国の地理・歴史、数学、物理、化学、図画、音楽、体育、手工と法律経済などが教えられた。北京蒙藏専門学校の卒業生は数千人に達し、内モンゴル自治区成立当初の主席烏兰夫（ウランフ）（1906〜1988）もこの学校で学んだ。[60]

　1906年に日本に留学生した特木格図（テムゲト）は、1915年に中国初の鉛制のモンゴル語印版を開発し、1922年に北京でモンゴル語書店を創設した。また、特木格図が中心となり、日本留学の同僚であった呉恩和（ウェンヘ）、伊徳欽（イデシン）、金永昌（ジンヨンチアン）らと、1924年に北京でモンゴル文字の印刷会社を作り、数多くの図書を翻訳、編纂

するとともに,モンゴルとチベット語の辞典等を刊行した。^(61)

貢親王はモンゴル復興には教育が重要であるという認識を示していたが,これも今日から見ればきわめて驚くべき思想であった。その思想が,内モンゴル草原の広い範囲において強い影響を与え,1930年代の内モンゴル高度自治運動の基礎となった。

注

(1) 中国人民政治協商会議・内蒙古自治区委員会文史資料委員会主編『内蒙古近代現代王公録――喀喇沁貢桑諾爾布伝』内蒙古文史資料,第32輯,1988年,19頁。
(2) 同(1),14頁。
(3) 同(1),19頁。
(4) 王風雷『教育』内蒙古教育出版社,2003年,644頁。
(5) 河原操子『カラチン王妃と私――モンゴル民族の心に生きた女性教師』芙蓉書房,1969年,190頁。
(6) 清朝は1636年にモンゴルを征服してから「盟旗制度」を実施し(「盟」「旗」はそれぞれモンゴル語でチュウゴルガン,アイマグといい,自治州,自治県に相当する),当時24部から成っていた内モンゴルを6盟(哲里木盟,卓索圖盟,昭烏達盟,錫林郭勒盟,烏蘭察布盟,伊克昭盟)と49旗に区分した,前の4盟を「東4盟」と言い,後の2盟を「西2盟」と区分する。その他,額済納土扈特旗,阿拉善厄魯特旗,錫埒図庫倫旗,伊克明安旗の4つの特別旗と帰化城土黙特部,察哈尓部,呼倫貝尓部と当時黒龍江将軍属下にあった墨尓根副都統と斉斉哈尓副都統の4つの部も今のモンゴル管轄下にあった。「旗」とは,清朝のモンゴル支配構造の基層となった行政単位で,幾つもの「旗」を合わせた統制組織体を「盟」という。横田素子「横浜正金銀行借款に見る明治期の対内蒙古政策――喀喇沁右旗を例として」『中日文化研究所所報』第6号,2007年,135頁,及び劉世海編『内蒙古民族教育発展戦力概論』内蒙古教育出版社,1993年,2頁。
(7) 同(1),6頁。
(8) トクタホ「内モンゴル自治区における教育問題の源流――清朝末期以降の民族政策との関連について」『国際教育』第15号,2009年,50頁。

(9) 同(4), 648頁。
(10) 毛利和子『周縁からの中国民族問題と国家』東京大学出版会, 1998年, 2頁。
(11) 加々美光行『中国の民族問題——危機の本質』岩波現代文庫, 2008年, 45頁。
(12) 同(11), 46頁。
(13) 同(1), 1〜3頁。
(14) 同(1), 19頁。
(15) www.lupm.org/japanese/pages/090529j.htm「モンゴル自由連盟党ネット」(2009.5.29)
(16) 同(1), 18頁。
(17) 同(1), 26頁。
(18) 同(1), 4頁。
(19) 同(1), 19頁。
(20) 同(5), 209〜210頁。
(21) 同(1), 25頁。
(22) 同(5), 182頁。
(23) 同(5), 21頁。
(24) 同(5), 28〜29頁。
(25) 同(5), 28頁。
(26) 同(5), 29頁。
(27) 下田歌子は, 本名平尾鉎（ひらお・せき）といい, 岩村藩の藩士の家に生まれる。幕末に勤王派の藩士だった父は蟄居謹慎を命じられるが, そんな苦難の中, 祖母から読み書きを習い, 5歳で俳句と漢詩を詠み, 和歌を作るなど神童ぶりを発揮した。元号が明治になり, 祖父と父は新政府の招聘を受けて東京に出るが, 17歳になった鉎もその後を追って上京。1872年, 女官に抜擢され宮中出仕する。武家の子として身に付けた礼儀作法や, 儒学者の祖父仕込みの学識, 和歌の才能で昭憲皇太后（1849〜1914）から寵愛され,「歌子」の名を賜り, 宮廷で和歌を教えるようになる。1879年に剣客の下田猛雄と結婚。宮中出仕を辞する。3年後に夫が病に臥す。看病のかたわら, 自宅で『桃夭女塾』を開講。1884年, 夫猛雄が病死。塾の実績と皇后の推薦で, 創設された「華族女学校」の教授に迎えられ, 翌年には学監に就任。1893（明治26）年, 女子教育の視察のため2年間欧米へ。

英国では王室の子息らが一般校で学び、貴族階級の女子が運動で身体を鍛えていることや、女子と男子とが同じ教育を受けていることにショックを受ける。帰国後、歌子は「帝国婦人協会」を設立。当時庶民の女性があまりにも男性の言いなりにばかりなっていた姿に心を痛め、「日本が一流の大国と成らん為には大衆女子教育こそ必要」と女性に教養を授け、品性を磨かせ、自活のチャンスを与えて女性の地位向上・生活改善を図るべく奮闘した。(下田歌子──Wikipedia 参考。ja.wikipedia.org/wiki/下田歌子)

(28) 同(1), 20頁。
(29) 同(1), 21頁。
(30) 同(1), 21頁。
(31) 同(1), 21頁。
(32) 同(1), 21頁。
(33) 同(5), 196頁。
(34) 同(1), 8頁。
(35) 同(1), 9頁。
(36) 同(1), 9頁。
(37) 同(1), 24頁。
(38) 『清徳宗景皇帝実録』巻586 (十四)「光緒34年正月癸卯条」台湾華文書局、中華民国59 (1970) 年、5362頁。
(39) 同(5), 29頁。
(40) 同(5), 203頁。
(41) 同(5), 203~209頁。
(42) 同(5), 197頁。
(43) 同(5), 211頁。
(44) 同(5), 221~223頁。
(45) 同(5), 203頁。
(46) 同(5), 204~209頁。
(47) 同(5), 204~205頁。
(48) 同(5), 212頁。
(49) 同(5), 215頁。

(50) 同(5)、217頁。

(51) 喀喇沁王府『モンゴル語読本　巻一、巻二、巻三』大日本図書株式会社、1907年。ちなみに大日本図書株式会社の住所は大日本東京市京橋銀座一丁目22番地となっている。

(52) 同(8)、51～52頁。

(53) 同(11)、51頁。

(54) 同(11)、51頁。

(55) 同(1)、7～8頁。振武学堂は1903年8月、中国人陸軍学生のための特設予備教育機関として、成城学園の牛込区市ヶ谷河田町に開校、1941年に廃校となる。「守正学堂」から日本に留学した生徒は、呉恩和、汪睿昌（特木格図）、伊徳欽、金永昌（諾門必格）、于恒山の5名で、彼らは陸軍戦術を学んだが、清朝政府はモンゴル族に対する軍事学の禁止命令を発していたため、于恒山は退学し、伊徳欽、金永昌は東京農科大学（現東大農学部）、呉恩和は千葉医科大学（現千葉大学医学部）、汪睿昌は東京慈恵医科大学（現東京慈恵会医科大学）に入学した。

(56) 同(1)、12頁。

(57) 同(1)、13頁。

(58) 同(1)、14頁。「蒙蔵院」とは、清朝の統治権の継承をねらった北京政府（北洋政府）は清代の「理藩院」にかわって、モンゴル、チベットの問題を担当した、大総統（袁世凱）直属の行政組織。1927年に成立した南京国民政府では、「蒙蔵委員会」となった。

(59) 同(8)、51頁。

(60) 韓達主編『中国少数民族教育史』雲南出版社、1998年、93頁を参照。北京蒙蔵専門学校は、中華人民共和国成立後、中華民族学院（今の中央民族大学）付属中学校になった。

(61) 同(60)、93頁。

第3章

中華民国期における民族教育

第1節　中華民国期における民族教育

1　教育を普及させた徳王

　貢親王の教育思想が内モンゴル草原に大きな影響を及ぼし，1906年にはホルチン左翼中旗(サヨクチュキ)のナムジラスロン親王（1879～1951）が，辛亥革命（1911年）のときに，ホルチン左翼前旗(サヨクゼンキ)のビントウ王（1879～1914）が，そして1926年にオルドス左翼中旗の図(ト)王（1888～1949）が自分の統制地域にモンゴル族の近代的小学校を創立した。

　中華民国の内モンゴル自治運動期に，モンゴル復興のためには教育が重要であるという貢親王の教育精神を内モンゴル草原で具体的普及することに努力した者は，チャハル省シリンゴーラ盟西ソゥニッド旗の徳穆楚克棟魯普王(デムチュゲドンルブ)[1]（徳王，1902～1966）である。

　内モンゴルでは，大人数の開墾農民（漢人）がモンゴル草原に流入し，新軍閥と結託し，モンゴル民族に多大な被害を与えた。この状態を解決するには，当時の内モンゴルのモンゴル人の力だけでは無理なことであった。その頃，日本関東軍が内モンゴルを越えて，中国を狙っており，徳王がこの日本軍の力を得て，内モンゴルを復興させることを考えていた。1933年に内モンゴル自治運動を起こした彼は，中華民国期の国民党政府に対して，内モンゴルの高度な自治を求めながらモンゴルを復興させるには，教育が重要であると認識し，内モンゴル草原における学校教育のレベルを小学校から師範学校及び学院まで発展させた。[2]

徳王についての先行研究では、モンゴル人の発展のために努力してきた彼を「大漢族主義」の考え方の下に、「国の立場から考えれば、売国奴である」「買国奴」(漢奸)だと評価している研究者がいる。しかし、一方、「徳王は漢人ではなく、当時の混乱の時代からモンゴル民族を救うという考え方の下に、努力してきた者である」、「モンゴルを復興させるには教育が重要であると認識した」とモンゴル民族の発展に貢献したことを取り上げた研究者もいる。

2 中華民国における民族政策

満州族の支配を覆し、漢「種族」の支配の下に中国を回復させる「滅満興漢」の方針を打ち出していた孫文(1866～1925)は、辛亥革命以降、中華民国の大総統となった。彼は、1912年1月1日に、新国家領域内に居住する漢、満、モンゴル、回、チベットの諸民族地域を合わせて一国家とし、この五民族を統一した「一民族一国家」の考え方に基づいた「中華民族」の創出を宣言する。彼は、外国勢力の浸透とモンゴルの独立宣言(1911年)に見られるような周辺のエスニック問題が起こる中、上述の漢族以外の四族を漢族に同化させた単一中華民族を作り出すことを考えていた。これが、中華民国領内の五族は自由であり平等だといった理想の下に、エスニック集団を国民として統合しようとした孫文の「五族共和論」の本質であった。その後、孫文の「五族共和論」は次第に拡大し、5つの民族に限定されない「中国」のすべての民族を一つの「中華民族」に融合させようとする観点に発展する。しかし、この「諸民族の融合論」は「同化論」に基づくもので、1921年の講演「三民主義の具体的実施方法」では「満、モンゴル、回、チベットを我が漢族に同化させて大一統の民族主義国家となさねばならぬ」と述べていた。このように孫文は、漢族以外の少数民族を漢族へ同化させる「大漢民族主義」を目指していた。彼の民族政策の本質は、次の発言に典型的に示されている。

「中国の民族についていえば総人口は4億人で、その中に入り交ざって

いるのは，数百万のモンゴル人，百万あまりの満州人，数百万のチベット人，数百万のイスラム教徒，外からやってきた者の総数は，1000万人に過ぎない。大多数を占める4億の中国人はすべて漢人だといってよい。同一の血縁，同一の言語，同一宗教，同一風俗習慣，完全に一民族である」[7]。

孫文から国民党を引き継いだ蒋介石政権は，1928年9月5日の国民党中央政治会議の決定により，内モンゴルを寧夏省，熱河省，察哈爾省，綏遠省の4省に設定し，内定（1927年の大革命運動により，国民党内部の決定）と同じ省・県制度を導入した。このように国民党政府の辺境地域に対する統治は，特に内モンゴル地域の内地化政策と強烈に連動していた。たとえば，1929年3月28日の中国国民党第3回全国代表大会を機に，蒋介石（1887～1975）は「中華民族一元論」を主張し始め，「中華民族」を再定義して，「ともに黄帝子孫に属する同一の宗族」であると主張する[8]。その後，1941年，国民党第5期8中全会の「辺境施政綱要」は，「国族統一の文化」，辺境の経済開発・人材育成を提唱し，内モンゴルのアラシャン盟，イクジョウ盟に対する徴税，開墾，徴兵を施行した[9]。この政治政策などを通じて，蒋介石は「民族」を「宗族」と言い換え，「私たちの各宗族は，実際は同じ一つの民族をなし，同じ体系に属する一つの種族である」[10]などとし，種族同化主義をさらに強めた。このような中華民族論・宗族論の背景には，日中戦争に国民を動員させる政治意図があったことはいうまでもない。また，これは孫文以来の大漢族主義の表れとみなすこともできよう。

中国内戦に勝利を収めた中国共産党は，中華人民共和国建国より2年前の1947年5月1日に，内モンゴル自治区を成立させた。しかし，この中国共産党による今日の中華人民共和国の少数民族政策は，国民党政府の民族政策を改造し作り上げたものであった。

3　中華民国期におけるモンゴル民族の学校教育と教科書編纂事業

1919年の統計によれば，当時の内モンゴル6盟50旗の中で，2旗にはモン

ゴル民族の教育を行う小学校はそれぞれ2校，同様に26旗には小学校がそれぞれ1校あり，全旗の56％を占めていた。また，民族教育を行う小学校が設立されていない旗は22もあり，全旗の44％を占めていた。学校数を全旗で見れば平均0.6校で，モンゴル族新式小学校数はきわめて少なかったことが分かる。それを，1931年の30旗の統計で比較して見れば，小学校158校で，その内高級小学校は16校，初級小学校は141校，女学校は1校となり，全旗平均5.7校までに増加している。これは，上記の12年前の学校数から見れば増大しているが，それでも当時のモンゴル社会において必要とされていた民族学校は不足し，モンゴル民族教育の発展への対策はきわめて不十分だった。[11]

　1913年に貢親王が北京で開設した「北京蒙藏専門学校」は，第2章5節で述べたとおりモンゴル人が学生を専門に育成する3年制の国立学校で，生徒は王公貴族の子弟と一般平民の子弟であり，当時のモンゴル民族教育に大きな影響を与えていた。

　中華民国時代に入り，モンゴル地区の学校では，1917年4月に発行された「漢語とモンゴル語を用いた教科書」[12]が使用されるようになった。同年春には北京でカラチン右旗出身の海山が書いた『蒙漢合璧五方元音』[13]字典が出版された。

　また，1906年に日本に留学生した学生，特木格図(テムゲト)が，1915年に中国初の鉛制モンゴル語印版を開発し，数多くの図書を翻訳・編纂すると共に，モンゴル語とチベット語の辞典等を刊行した話[14]は，第2章5節で述べた。

第2節　内モンゴル自治運動期における民族教育

1　内モンゴル自治運動期における義務教育と留学制度

　1928年徳王は，内モンゴルを寧夏省，熱河省，察哈爾省，綏遠省の4省に設定した「中華民族論・宗族論の背景」という当時の政治政策を否定し，1933年に内モンゴルの広い範囲の地域で自治運動を行い，中華民国国民党政府から高度な自治を求めた。

モンゴル民族復興のためには教育が重要であると認識した徳王は，1940年の夏，事前にシリンゴーラ盟の10のザサカ（リーダー）に相談を持ちかけ，シリンゴーラ盟の貝子廟に集まり，会議を行った(15)。

この会議は非公式であったが，徳王が各旗のリーダーを集めた目的は，ソゥニッド旗でやってきた何ヵ所かの施設を参加者に説明し，同時に各自の旗において実施するよう求めるためであった。

徳王は，各旗に予算制度を打ち立てるよう指示し，王府からの支出は5％を超えない，総収入の4分の1つまり25％は全旗の教育費用にあてるとした。

また，以下について提案した。

既にある学校を強化し，さらに女子小学校を創る。

小学生には放牧移動の生活に伴い必要とされる寄宿制学校を必ず設置し，学校側は子どもに衣・食・住，教科書を提供しなければならない。

しかし，12歳未満の子どもはまだ親元を離れることができないと考えられたため，就学児童年齢は12歳とし，12歳から義務教育を実施した。

裕福な家庭の女子は先に入学できるようにする。

モンゴル人の人口維持には出家してラマとなる人の数を制限しなければならない。ひとりっ子は僧侶になってはいけない。兄弟3人の場合は僧侶になれるのは1人，5人の場合は2人しか僧侶になれない。各寺廟は必ず規律を守らなくてはならない。とくにモンゴル語・チベット語を大事にする。若い僧侶には必ずモンゴル語を教える。

上記の規定に違反した者は僧侶として認められず，強制的に僧籍を離れる。

それは，近代内モンゴル西部史において，前代未聞の改革であった。そういう要求を提出することは徳王の強い決意の現れである。会議に集まってきた者はとても保守的であるにもかかわらず，皆徳王の提案を受け入れてくれた。

ウランチャブ盟の百灵廟（当時「内蒙古自治運動」を行っていた中心地域，今の内モンゴル自治区首府フフホト市北90キロのところ）に「ウランチャブ（烏）盟蒙古青年学校」，ソゥニッド右旗に「シリンゴーラ（錫）盟青年学校」，「ボー

ト（包頭）青年学校」,「バヤンノール（巴）盟師範学校」などの学校を創設した。[16]これらの学校計画は，小学校から着手し，次に中学校，後に各専門職業コースを設け，学齢児童と学齢時代に教育を受けるチャンスを失った青年までを対象にした。モンゴル人の人材を育成する目的として生徒に基礎知識から基本科学的内容を教え，内モンゴル自治運動を行っている広い範囲の草原で学校教育が始まった。

同時に「蒙古聯盟自治政府」における在職官員を充実させるために，健康で真面目な中等教育の学歴を持つ，20歳以上30歳以下の若者を留学させる以下のような制度を定めた。「蒙古聯盟自治政府選派留日規程」,「留日官（公）費生簡章」,「留日官（公）費生遵守規則」及び「蒙古聯盟自治政府選派官員赴日留学弁法」などの制度である。[17]

1940年になると，内モンゴル中部地区（シリンゴーラ盟，チャハル盟，ウランチャブ盟，バヤンタラ盟（今のフフホト市），ボート市，オロドス盟の一部，アラガシャーン盟を含んだ「内モンゴル自治運動」が行われている広い範囲の地域及び内モンゴル西部）において12歳以上の子どもを強制的に入学させ，寄宿生活を含む義務教育制度を確立したことは，評価すべきである。

その教育制度は内モンゴル自治区におけるモンゴル民族に教育を広め，大きな影響を与えた。内モンゴル自治区が成立し，9歳になる子どもを入学させる新しい制度ができていたが，当時の内モンゴル遊牧社会の生活状況・遊牧民の教育における認識の違いなどから，12歳までの子どもが入学していない家庭が多くあった。よって，そのような子どもは強制的に入学させた。たとえば，筆者が6歳で小学校に入学した1973年3月，強制的に入学させられた12歳以上の子どもが同じクラスで授業を受けていた。

第3節　徳王の実施した学校教育

1　モンゴル学院

ソゥニッド右旗（内モンゴル自治運動の中心となった地域）には8つの小学校

があったが，そのうち，モンゴルを復興させるには教育が重要であると認識した徳王が，自分の地域を越え，1936年2月に，チャハル省張北県の城の外にチャハル青年学校を建てた[18]。この学校は3年制の学校で，設立当時300人あまりの生徒が学んでいた。教科は，モンゴル語・日本語・数学・モンゴル歴史・社会知識で，軍事訓練を教え，女子部もあった。1940年にアバガ分校を開設し，翌年「官立徳化興蒙牧業中学校」と改名した。ここでは中学校の基本科目のほか，印刷技術と皮革加工技術が教えられた[19]。

旗政府の学校には1937年から教室が設置され，専任教師も置かれるようになった。当初は，旗政府周辺の子どもが40名，そして1943年には120名が集まった。授業はモンゴル語・算数・漢語・日本語を中心とするものである。

少年学校（軍事学校）は1940年6月に生徒60名で始まり，準備クラスと1～3年までのクラスを併せて4クラスあった。中学の言語・数学・地理・歴史以外は軍事訓練であった。

1937年3月にモンゴル学院が創られ，教師養成コースと通信コース，そして予備コースを設け，短期間の間にモンゴルのリーダーを育てることに力を注いだ。同年10月にフフホトに学校が移り，戦争のために授業が一時中断したが，1938年6月20日に授業が再開された。そのときには174人の学生たちが，教師養成コース・通信コース・旗の業務コース・予備コースなど6つの専門コースに分かれて学んだ。7月12日に開学式を行い，9月には，教師13名，職員12名，学生196名となった。学生は，旗の業務コースが23名，教師養成コースのうち，教師資格取得コースが23名，教師指導コースが26名，通信コースが48名，予備コースの甲クラスが38名，乙クラスが48名であった。1939年になると，院長（図3-1），教頭，事務員，教師併せて20名，学生が231名までに増えた。モンゴル学院には校旗（図3-2），校章（図3-3），校歌（図3-4），目標，詳細な学院規則，制度があった。また，公費によって建てられた学校であるため，授業料から食費，教科書代等，すべて無料であった[20]。

第Ⅰ部　モンゴル民族における文化の変遷

図3－1　モンゴル学院首任院長
　　　　郭爾卓爾扎布
　　　　（グラザラザブ）

図3－2　校旗

図3－3　校章

「モンゴル学院歌」

　学院の旗を揚げ
　私たちは勉強に励み
　新しい歴史を作ろう
　モンゴルの幸運がもたらされるよう
　それを満月のように発展させ
　その政権を揺るがないものにしよう

　この学院歌は当時学生たちの精神的な糧になり，常に若者たちに力を合わせて，前に進んでいこうという呼びかけ役を果たした。

　2　教育を広めたモンゴルのリーダーたち
　徳王が，先進国の科学・技術を学ぶ重要性を理解し，1945年の第二次世界

図3－4　モンゴル学院歌

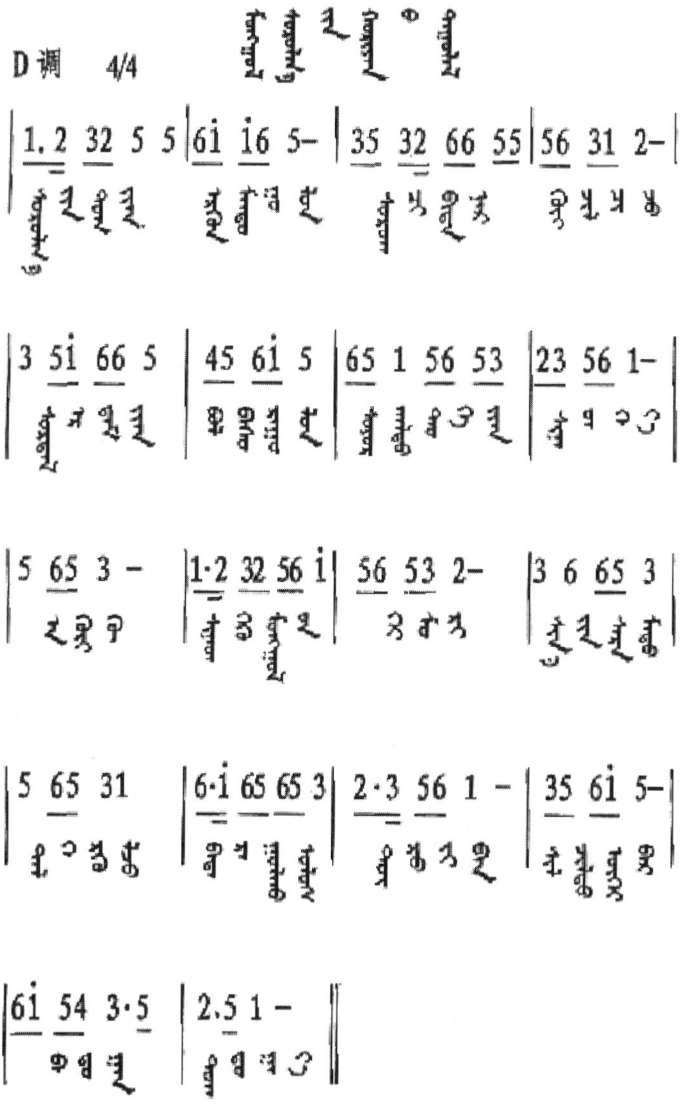

大戦終戦まで,日本へ200人以上の留学生を送っていた[21]。当時の留学生にはサイチンガ（1914〜1973）がいた。

　サイチンガは,日本留学の中で見学旅行と合宿訓練を通じて,日本の各地から集まったモンゴル人留学生と知り合い,自由時間にモンゴルの歴史と現在の状況及び将来について話し合うことが多かった。彼はハーブンガたちと協力して留学生組織「蒙古留日同郷会」を作り,日本から学んでモンゴルを発展させることを目的に『新しいモンゴル』という雑誌を創刊した。また,彼は東洋大学留学中に,『心の友』（詩集）,『心の光』（編訳書）,『沙原・我が故郷』（散文集）を刊行すると共に,日本人との交流活動にも積極的に参加していた。1941年末,サイチンガは帰国し,モンゴル民族教育の専門家として徳王政府に勤めた。彼が日本の近代家庭教育の方法と当時のモンゴル社会の現状などを結びつけて書いた『家庭興隆之書』は,教科書として採用されたが,これは,内モンゴルにおける男女平等教育を意図した家政学の専門書でもあった[22]。彼は,教育活動においても,当時の日本の教育内容と方法を参考にして,モンゴル民族の歴史・文化・民族的アイデンティティの育成に繋がるような教育を行っていた。

　徳王は,当時の内モンゴルが4省に分けて設定され,「中華民族論・宗族論の背景」という「漢化」政治政策を否定し,1933年に内モンゴルの広い範囲の地域に自治運動を行い,中華民国国民党政府から高度な自治を求めた。モンゴルを復興させるには教育が重要であると認識した徳王が,自国の統制領域を乗り越え,1936年から,教育に着手し,学校を建て,当時小学校までに留まっていたモンゴル民族における学校教育のレベルを中学校あるいは師範学校・専門学院設立にまで発展させた。

　貢親王は,20世紀初頭にモンゴル草原に学校を創り,近代教育制度を提唱し,モンゴル民族教育の発展に貢献し,モンゴル人の生き方を変えるきっかけを創った。徳王はそのきっかけを具体的に実施した人物である。

　1947年の内モンゴルにおける小中学校の統計は,表3－1から分かるよう

表3－1　1947年までの内モンゴル自治区民族小中学校の数

年\学校別数	中学校					小学校				
	全区総数	少数民族				全区総数	少数民族			
		計	蒙族のみ	蒙漢合校	他の少数民族		計	蒙族のみ	蒙漢合校	他の少数民族
1919							30			
1931							158			
1947	21	4	1	3		3769	377	282	54	41

に1931年の統計と比べて小学校が219校増え，4つの中学校が創られた。16年前の学校数からみれば増大しているが，当時のモンゴル社会において必要とされていた民族学校は不足し，モンゴル民族教育の発展に対する対策はきわめて不十分であった。しかし，彼らの「内モンゴル自治運動」が行われている広い範囲の地域で，教育費用予算案を提出し，12歳以上の子どもを強制的に入学させ，寄宿生活を含む義務教育制度を確立したことと留学生制度まで整えた努力は，モンゴル民族教育史において重要な意義を持つものであった。

　民族教育を通じて民族と国を救うという発想は，モンゴル族の問題に留まらず，今日の中国の国家建設を考える際にも注目すべきである。

注
(1) 徳王は，内モンゴルシリンゴーラ盟ソゥニッド右旗に生まれた。1930〜40年代の内モンゴル自治運動の指導者。日本の傀儡政権である蒙古連合政府の主席である。モンゴル人であり，敬称が徳王である。1930年代初頭より南京国民政府に対して，モンゴル人による高度自治を要求した。1939年に蒙古連合政府を樹立した。当時，内モンゴルにおいて学校教育は小学校教育までに留まっていたが，師範学校や専修大学を作るなど，教育制度を発展させた。さらにモンゴル民族の復興を期待したが，日本軍の政策に阻まれた。日本敗退後，中国内戦の中に，1949年ア

ラシャン盟で再起をはかるが失敗し，モンゴル人民共和国に亡命，50年に中国に送還され，政治犯として収監され，1963年に特赦を受けた。
(2)　盧明輝『蒙古"自治運動"始末』中華書局，1980年，193〜194頁。
(3)　同(2)，1頁。
(4)　札奇斯欽『我所知道的徳王和当時的内蒙古』中国文史出版社，2005年，610頁。
(5)　バイガル「サイチンガの人と作品」『東洋大学大学院紀要』第33号，1996年，7頁。
(6)　加々美光行『中国の民族問題——危機の本質』岩波現代文庫，2008年，51頁。
(7)　毛里和子『周縁からの中国民族問題と国家』東京大学出版会，1998年，17頁。
(8)　浙江省中共党史学会編印「国民党第三次全国代表大会宣言」（中国国民党歴次会議宣言決議匯編におさめられている）。
(9)　同(7)，23頁。
(10)　岡本雅享『中国の少数民族教育と言語政策』社会評論社，1999年，35頁。
(11)　韓達主編『中国少数民族教育史』雲南出版社，1998年，92頁。
(12)　当資料が東京外国語大学図書館にあるが，2012年7月28日の閲覧時，出版年と出版社名は記されていない。
(13)　当資料が東京外国語大学図書館にある。中華民国6年春2月初版までは確認することができたが，出版地と出版社名は不明であった。
(14)　同(11)，98〜99頁。
(15)　同(4)，328〜329頁。
(16)　同(2)，94頁。
(17)　同(2)，194頁。
(18)　同(5)，7頁。
(19)　同(5)，17頁。
(20)　『苏尼特右旗文史汇编』内蒙古党校印刷，2006年，52〜76頁。
(21)　同(5)，17頁。
(22)　同(5)，2頁。

第4章

実態調査からみた民族意識と民族教育の課題

第1節　民族意識に関する実態調査

1　調査の背景

　新中国設立後,「我が国は多民族社会主義大国である(1)」という政策の裏側で,内モンゴル自治区で漢化政策が始まったのは1950年代のことである。その結果,55年の間に内モンゴル自治区のモンゴル民族では,「モンゴル人」というより,「中国人」という意識を強く持つ人たちが増えてきている。とくに1992年に市場経済政策が導入(2)されてから,自由競争が少数民族の「優先・優遇」政策に取って代わり,民族学校と普通学校への国からの予算,教師陣の配置,設備と教育条件等で格差がどんどん広がっている。そして子どもを民族学校に入学させることが,子どもの将来のためにならないと思う保護者が増えつつある。なぜなら,就職に際し,中国語に堪能な人から優先して採用される状況があるからである。そのため,子どもを漢族の学校に通わせる人が増えているのである。

　内モンゴル地域で発行される行政文書などの公用語は漢語であり,地方自治体に配布する時に,モンゴル語に翻訳する制度は一応あるが,実際には行われていない場合が多い。その原因は,モンゴル民族の行政幹部になる第一条件が,漢語で発表,発言できることにある。したがって,モンゴル人としてのプライドを持っている人がたとえトップになったとしても,漢語のみで不便を感じなくなり,モンゴル語への翻訳を意欲的に行うことにはつながらない。

中国中央政府は，2001年から内モンゴル地域において「天保工程」（環境保護政策）という「生態移民政策」⁽³⁾「禁牧政策」⁽⁴⁾の実施を規定した。それによれば，内モンゴル地域において，国境から30キロ以内の場所では，5年間放牧を禁止（5年間は国から生活援助金が出るが，それ以降は生活援助金の保障がない）。また，放牧するには，1000ムー（土地の面積の単位，1ムーは0.0667ヘクタール）に22頭の家畜しか飼ってはいけないというものである⁽⁵⁾。しかし，10年前は100ムーに15〜20頭の家畜が飼われていたこともあり，自然環境破壊の主な原因は放牧だけとは考えづらい。これでは，モンゴル放牧経済が発展するのは不可能である。内モンゴル自治区のモンゴル人の中には，モンゴル民族の発展の可能性がもうないと考え，純粋な遊牧生活から放牧，半牧半農，そして農業生活へと変えた人たちもいる。

内モンゴル自治区では現代は人口の8割が漢族であり，漢語が生活に欠かせなくなっている。教育の現場では，モンゴル民族の学校をどんどん減らし，学校教育プログラムにも輝かしい民族の歴史的・精神的・伝統文化は削除されている⁽⁶⁾。同じ義務教育に使われる教科書が，普通（漢族）学校の挿入図はカラーであるが，民族学校では白黒である（図4-1）⁽⁷⁾など，少数民族に対する差別があることがはっきり分かる。

本章では，モンゴル人が，民族教育の未来に対して何を望んでいるか，民族教育を受けた大学卒業生たちの就職難の現状なども踏まえて，その原因と民族意識の問題を探るべく，筆者は以下のような実態調査を行った。

2　調査対象と目的

筆者は，2005年12月28日から2006年1月10日にかけて，内モンゴル自治区にある以下の4つのグループの生徒と社会人に対して，民族意識に関する実態調査を実施した。①内モンゴル師範大学，②内モンゴル工業大学等モンゴル語のコース，そして③全自治区の範囲から学生募集をしている短大と2つの大学の学生・院生，また④巴彦淖爾市（バヤンノロ）（ここ10年の間に一番はやく漢化された地域，2004年に市に変わった）の烏特中旗蒙古族中学（初三，初四，高等学校

図 4－1　学校の教科書（右はモンゴル語）

「第三課　基本国情を認識しよう」と見出しがついている。

の全員）である。

　調査は500人を抽出し，399人から回答を得た（回答率79.8％）。その内訳は，20歳から70歳の社会人83人，中学3年生から高校3年生までの生徒109人，大学生193人，大学院生14人である。

　調査の目的は次の通りである。

　第一に，内モンゴル地域の自然環境の破壊，生活保障の変化，民族統一政策の普及などの市場経済の激しい競争にさらされる中で，モンゴル民族の社会人たちが何を考えているかを理解するため。

　第二に，自らの民族文化を守ろうという意識と，子どもを民族学校に行かせなくてはならないという危機感を持っている保護者が子どもを民族学校に入学させた結果，その中・高校生が，成長の過程で子どもたちの人間観，価値観をどのように形成し，自らの民族伝統文化と未来に対してどのような考

え方をもつようになるかを把握するため。

　第三に，モンゴル語で教育を受けて大学を卒業しても，就職が難しくなっている現実を前にして，あまりモンゴル語を使わなくなった内モンゴル自治区のモンゴル族学生たちは，自分と民族の未来をどう見ているのかを知るため。

　第四に，内モンゴル自治区におけるモンゴル民族を対象とした意識調査は前例がなく，とくに男性と女性の意識の相違，地域による相違，すなわち，農村，牧場，都市と町，半農半牧地域に暮らす人々の意識の相違を比較検討するため。

第2節　実態調査の結果

1　伝統文化から

　モンゴル人の民族意識について現代の住民はどう思っているのだろうか。また，民族意識を形成する第一の要素として民族の歴史を正しく知っているのだろうか。まず，複数の指標を用いて，内モンゴル自治区において，1967～1977年に起きた「内人党」事件についてどのくらいの人が知っているかを調べた。なぜなら，序章でも述べたが，この事件こそモンゴル民族の転換に当たる出来事と思われるからである。表4－1から分かるように，14人の大学院生の5人（35.1％）が「あまり知らない」，1人（7.1％）が「全く知らない」と回答した。

　このように，「内人党」事件を知っている人が少ないのはなぜか。答えは1つ。それは，学校教育で教えられることがないからである。もし過去の事実が明らかになったとすれば，中国政府は人々の恨みを買い，中華民族団結に不利になるとも考えているからである。またもし，誰かが事実を明らかにしたならば，国を分裂させようとしていると見なされ，罪に問われる可能性さえある。[8]

　民族意識の形成に影響をあたえている第二の要素に，社会への不安がある。

第4章　実態調査からみた民族意識と民族教育の課題

表4－1　「内人党」事件を知っているか　　　　単位：人（％）

	よく知っている	少し知っている	あまり知らない	全く知らない
全　体	47（11.8）	92（23.6）	148（37.1）	106（26.6）
大学院生	2（14.3）	6（42.9）	5（35.1）	1（7.1）

表4－2　民族発展に尽力したいが恐れているものがあるか

単位：人（％）

	恐れている	恐れていない	回答なし
全　体	204（51.1）	193（48.4）	2（0.5）
中学高校生	43（39.4）	65（59.6）	1（0.9）

　中国では，何事も政治と結び付けて考えられるので，表4－2のように，半数の51.1％のモンゴル人が，民族のために何かをしたいと思うが怖いと回答している。また，中学生から高校生でさえ，民族の発展のために尽力したいが恐れているという回答が4割近くあった。

　第三の要素に，民族の気質をとりあげよう。モンゴル人の生活習慣を考える上では，まず，厳しい自然環境を説明する必要がある。広い草原で人口も少なく，狼・やまいぬ・虎などの野獣との共存，さらには，自然災害も絶えない。そのような中で生活するためには，お互いに助け合うことが大切であり，過去のことについては気を取られている余裕はなく，おのずから過去のことを重視しなくなる。また，悲惨な目に遭った時にも，"Zuger, Zuger"（大丈夫，大丈夫）と言って，過ぎ去ったことは気にせず，今のこと，未来のことの方が大切だと考える。モンゴル人には現在と未来を大切に考え，明日（未来）は良くなるという楽観性があることを今回の調査（表4－3と表4－4）からも読みとれる。

　これらのモンゴル民族の気質や習慣の影響もあって，過去の歴史などをあまり振り返らないため，「内人党」事件についても社会から教えられる機会を失い，調査の数値が示す通り，現在知らない人が多いのであろう。

第Ⅰ部　モンゴル民族における文化の変遷

表4－3　モンゴル民族に発展の可能性はあるか

単位：人（％）

全　体	可能性がある	可能性がない	回答なし
399	384（96.2）	11（2.8）	4（1.0）

表4－4　モンゴル経済が発展すると思うか

単位：人（％）

全　体	思っている	思っていない	回答なし
399	375（94.0）	20（5.0）	4（1.0）

　モンゴル民族は，厳しい自然環境から環境を守り，自然の厳しさに耐えることの重要性を教えられ，新しい事態に対応・理解する能力が培われたが，伝統的なものを守るということを重要視しなくなったからである。

2　漢文化の影響

　一方で，いまだモンゴル民族が完全には漢化されていない原因は，モンゴル人が広大な草原で放牧生活を営み，大らかな心や自由な発想を持っているからである。

　序章の研究目的で述べたように，学校教育に採用している歴史教科書の内容では，少数民族の名前を記録した漢字には野蛮，遅れているなどの意味を表し，中華民族にとって少数民族の歴史は「敵人史」である。少数民族を誉めたたえる歴史教科書は，小学校から大学までほとんどないのが現実である。社会主義教育の裏側にある漢化教育で子どもたちは毎日洗脳され，「統一」的な中華民族という教育を受けている。そのために，内モンゴルの一部の人は，自分にとっての民族特有のシンボルが何であるかが分からなくなってしまった。今回の調査では，「チンギス・ハーンの肖像画を家に飾っていますか？」という質問に，「飾っている」は66.9％，「飾っていない」は32.1％と回答している。

　また，モンゴル語で教育を受けた大学生たちの21人（10.9％）と大学院生

第4章　実態調査からみた民族意識と民族教育の課題

表4-5　民族学校は子どもの将来のためにならないと思う人

単位：人（％）

全　体	中高生　109	大学生　193	大院生　14
	14（12.8）	21（10.9）	3（21.4）

表4-6　民族学校と普通学校の教育条件が同じではないと答えた人

単位：人

出身地域	牧区	農村	半牧半農	都市町
中学高校生	27	0	9	5
大学生	12	8	2	8

の3人（21.4％）が，「子どもを民族学校に入れることが子どもの将来のためにならないと思いますか？」という質問に「はい」と回答したことが明らかになっている（表4-5）。

今回の調査の質問のひとつ，「民族学校の教育条件と普通学校の教育条件は同じですか？」に対する回答の結果，表4-6のように「いいえ」と回答する人も多く，牧区地域の学校から都市町の学校まで，その問題があることが表れている。

「民族学校の教育条件と普通学校の教育の条件が同じですか？」に「いいえ」と回答した人たちの人数。中学高校生のうち牧区地域から来た生徒は27人，半牧半農地域から来た生徒は9人，都市町から来た生徒は5人，大学生では牧区地域から来た学生は12人，農村地域から来た学生は8人，半牧半農地域から来た学生は2人，そして都市町から来た大学生が8人。これらが，民族学校の条件が普通学校より劣っていると考えている。

今回の調査で，内モンゴル自治区のモンゴル人の民族意識が希薄になっていることを示しているのは，「民族衣装は祭り，結婚式に着ますか」という質問に対する回答である。「着ている」と答えた人は48.1％に留まっているのである。

表4－7　漢族を優れていると思いますか

単位：人（％）

全　体	はい	いいえ	回答なし
399	83（20.8）	311（78.0）	5（1.3）

表4－8　生活状況を変えるには自力か，政府に頼るか

単位：％（人）

全　体	自力で頑張る	政府に頼る	両方
399	374（93.7）	18（4.5）	7（1.8）

　一方,「漢族を優れていると思いますか」(表4－7)という質問に対して,「はい」と回答した人は83人(20.8％),「いいえ」と回答した人は311人(78.0％),回答なしは5人(1.3％)となる。

　漢族は農業生産において勤勉に働き,競争心のある人が多いなど,優れているとの見方が強く表れた結果だと思われる。最近,中国経済の発展は迅速で,内陸・沿岸地域においては漢族と少数民族との格差が激しくなっており,少数民族が,自分たちの民族に対して自信を喪失するのは当たり前の状況となっている。

　今回の調査から,内モンゴル自治区のモンゴル人たちの間で,中央政府に対する信頼感があまり高くないことが明らかになっている。「生活状況を変えるには自力で頑張るか,政府に頼るか」(表4－8)という質問の回答において,「自分で頑張る」人は374人(93.7％),「政府に頼る人」は18人(4.5％)だけ,「両方」と回答した人は7人(1.8％)である。

　今回の調査で「漢族に対してどんな印象を持っていますか」という質問の回答では,「尊敬する」35.6％,「嫌い」が55.1％である。

　最も多く「漢族を尊敬している」と回答した人たちは40～49歳代の女性である。では,なぜこの年代の女性が漢族を最も尊敬しているのか。インタビューによると,その年代の男性は,漢族の方が社会的地位,名誉,経済的安定など全てが揃っているのに対し,内モンゴル地域におけるこの年代のモ

表4－9　漢族に尊敬の印象を持った大学生の内訳

単位：％

	尊敬の印象を持つ		
	男	女	差
牧　　区	20.0	37.8	17.8
農　　村	46.5	50.0	3.5
町　　市	53.3	42.1	11.2
半牧半農	33.3	81.8	48.5

ンゴル人男性は，政治的圧力や漢文化の衝撃などで，生活水準が下がり，環境の変化に順応できず，自分の能力を十分に発揮できずに悩んでいる者が多い。その生活ぶりが，女性から見れば，怠け者に見えるわけである。

逆に，30～39歳代の女性が尊敬している率が低い。その年代の人は，自分自身が「文化大革命」を体験し，家族も「内人党」事件を経験しているから，漢族の本質を知っているとともに，「文化大革命」が終わり，一時モンゴル民族教育が発展するチャンスがあったからである。一方，30～39歳代の男性で尊敬している率が高くなっているのは，この年代の男性が，環境の変化に慣れるために，漢族の生活に多方面で学ぶ必要があったからであると推定される。

表4－9は漢族に尊敬の印象を持つ大学生の内訳で，半牧半農，農業地域から来た女子学生が尊敬度トップである。それは，漢族の5000年の歴史がある農業経験・技術に対する尊敬が強いからだと思われる。

3　モンゴル民族の結婚観

良い結婚相手を選ぶことは，人生の最重要事項である。民族の違う相手と結婚することは，生活習慣，言葉の違いなど色々な問題がある。モンゴルの伝統文化では，男性が他民族の女性と結婚するのは認められているが，女性は他民族に嫁に行くことは禁止されていた。しかし，今の内モンゴル自治区のモンゴル人は，全自治区人口の8割が漢族であることにより，漢文化の影

表4-10 結婚相手の出身民族を気にする特別な理由の有無

単位：人（％）

全 体	ある	ない
399	280（70.2）	130（23.6）

註：重複回答，未回答有。

表4-11 結婚相手の出身民族を気にする特別な理由はないと回答

単位：％

	大学生 男	大学生 女	差
牧 区	12.0	18.9	-6.9
農 村	44.2	27.7	16.5
町 市	20.0	36.8	-16.8
半牧半農	66.7	36.6	30.3

響を強く受け，モンゴル人的な生き方では，今の社会を生き抜くことができなくなっていると考えている。お酒を飲まない，勤勉に働くなど，安定した結婚生活を送ることができる男性を探すのは女性たちの目的である。漢人と結婚し，男の子を生むことができたら，一生幸せに暮らすことができると考えられている。漢族の男性がモンゴル人女性と結婚する場合，他の少数民族と同じように，「優遇，優先」政策によって，2人の子どもを設けることができる。

そこで，「結婚相手の出身民族を気にする特別な理由がありますか」という質問に対して，「ある」と回答した人は280人（70.2％），「ない」と回答した人は130人（23.6％）となっている（表4-10）。「ない」と回答した人をみると，大学生の牧区地域の女子学生が，男子より6.9多く（表4-11），都市や町から来た女子学生が，男子より16.8多くなっていることは表から分かる。半牧半農と農村地域から来た学生は，漢族と一緒に暮らしているので，農村地域のモンゴル人たちが長い間に漢族と一緒に生活する中で，漢文化の影響を受けてはいるが，自分の利益を守り，文化を守り，漢族と競争するという

表4－12 モンゴル民族の生活習慣，生産方式が社会に適合しているか（自由記述）

単位：人（％）

質問回答 \ 区別・性別	中高生 男	中高生 女	大学生 男	大学生 女	大学院生 男	大学院生 女	社会人 男	社会人 女	総(%)
アルコールに依存している	32	27	22	34	1	4	18	9	(36.8)
怠け者が増えている	19	23	13	39	2	7	10	9	(30.6)
団結が良くない	4	4	26	26	2	4	6	5	(18.8)
競争心が弱い	0	0	25	39	2	5	1	0	(18.1)
自然環境が破壊，生活環境が変わっている	20	23	34	51	2	8	11	4	(38.4)

今までとは違った，新しい文化が出てきている。

第3節　内モンゴルにおけるモンゴル人の民族意識

　今回の調査から，内モンゴル自治区のモンゴル人たちが自民族に対して誇りを持っていることが明らかになった。表4－7～4－9に対する回答から，中学生から社会人までいずれも自分の民族の美点，弱点，未来に対して十分関心を持っていることが分かる。

　しかし現在社会はモンゴル民族に多くの挑戦を課し，緊迫感を与えてはいるが，その原因を詳しく分析するモンゴル人は少ない。そのため社会と自民族意識とのジレンマに悩み，自信を保てないモンゴル人が増えている。

　今回の調査の「モンゴル民族の欠点，美点，伝統的な生活習慣，生産方式が現代社会に適合をしているかどうか」について，自由記述をまとめたのが，表4－12である。

　モンゴル民族の問題については，次のような点が挙げられている。

　1．アルコールに依存する人が増えている。2．怠け者が増えている。3．団結力が弱い。4．競争心が弱い。5．伝統文化が守られていない。6．モ

ンゴル民族を救うという危機感を持っている人は多いが，その考えを行動に移す人が少ない。7．素直に受け取る気質が強い。8．嫉妬心が強い。

またモンゴル民族は現状をどう捉えているのであろうか。

1．自然環境が破壊され，生活環境が変わっている。2．自給自足の生活を望んでいる。3．漢化されている。4．科学の発展が遅れている。5．政治政策が内モンゴルの現状に合わない。6．モンゴル語で教育を受けた若者たちの就職が困難。

55年の間に内モンゴル自治区のモンゴル民族は，伝統的な遊牧生活ができなくなり，変化した環境の中で生活せざるを得なくなった。

中央政府における民族政策により内モンゴルは事実上漢化され，自然環境は砂漠化し，悪化の頂点にたっている。中国における全面的な発展を支えてきた少数民族地域の役割は土地開墾から地下資源の開発に移る必要に迫られた。

2000年から，政府は内モンゴルにおける「放牧禁止」政策（禁牧政策）を実施し，貧困地域の住民に安定した生活を与えようと，一部移民を「小康村」（小康とは，余裕のある中産層の意）に移住させた。多くのモンゴル人は生活補償金をもらうなどの政策にのって，家を離れ，ほとんどの家畜を手放し，多大な損失を負っただけではなく，牧場まで失う「被害者的な立場」に置かれたのである。

数十年間にモンゴル民族の生活環境が大きく変わった。生活環境が変わり，また政治的な圧力の下に，人間として自分の美点が全く発揮できなくなったら，欠点だけが残るのは当たり前のことである。教育環境が悪いので，知識レベルもあまり高くない。「内人党」事件において民族宗教が破壊され，民族意識のシンボル（たとえば，チンギス・ハーン）もなくなった。政治政策の変化も安定感がなく，生涯教育システムも整っていないことなどが原因で，モンゴル民族は，能力はあっても，それを発揮するチャンスがない。このような状況下では，怠け者になり，アルコールに依存する人が増加しても一面では仕方がないと言えよう。

しかし，その怠け者とアルコール依存者を昔の環境に戻すことができたら，皆，自分の美点を発揮し，熟練した放牧民になることは必然であろう。時代の変化に流され，これまでの環境と全く別の環境になったことは事実である。とにかく，自分の生活環境が変わったこと，すなわち，モンゴル民族の昔の自給自足の生活，考え方，意識などが，今の変化している社会環境に合わなくなっていることを認める必要がある。変化した環境に適応し，競争心を持ち挑戦する勇気が必要である。それには教育が重要な役割を果たす。モンゴル人は，発展している今の社会の中で団結の必要性を理解し，嫉妬心をなくし，伝統文化の良いところを発揮し，法律で自分の利益を守る意識を高める教育が必要となる。

中国における少数民族学校は，少数民族の自律発展・自己確立にとって重要な位置を占める教育施設である。それは民族の歴史を学び伝統文化を発展させ，民族意識を培い，さらにはその時代の社会に適合できる人材を育成する上で不可欠である。

モンゴル高原に花開いた美しいモンゴル文化は，世界の文化遺産である。今は自由・人権が守られる時代，少数民族も自分たちの文化をさらに発展させる時である。

しかし，中国では「中国的社会主義国」をつくるという政策の下に，少数民族の伝統文化が排除され，「統一」という圧力の下に，少数民族が個々に発展するのは不可能と考えられる。小中学校でも「思想道徳教育」が行われ，強く漢化の影響を受け，子どもたちの自由な民族意識の成長が妨げられているといわざる得ない。

注

(1) 『内蒙古民族教育工作手冊』内蒙古教育出版社，2004年，72頁。
(2) 同(1)。
(3) 中国「西部」には今も多くの少数民族が居住しており，中国における国家と民族の折衝の最後のフロンティアとなっている。そこで生じた環境問題・経済問

第Ⅰ部　モンゴル民族における文化の変遷

題・民族問題を同時的に解決するために導入されたのが「西部大開発」(2000年)というプロジェクトである。同プロジェクトにおいて中国政府は,「西部」における交通・通信などのインフラ整備や人材育成などを積極的に推進し始めた。さらに同プロジェクトでは,生態環境を保全するために「生態移民」政策が立案された。生態を保護するために少数民族の移住行為が行われ,その行為の結果として生まれた人々(移民)のことを「生態移民」という。

(4)「禁牧政策」とは,中国の自然環境を保護するという名目の政策である。2000年に入り,内モンゴルにおいて自然環境が悪化している主な原因は,「過剰放牧」であるという指導部の決定の下に,内モンゴル自治区全地域で「退牧還草」という名のもとに家畜を飼う生活を禁止した政策である。

(5) 2006年7月,筆者の聞き取り調査から。

2000年に中国中央政府は2号文件を発行し,2001年から内モンゴル地域において「天保工程」(環境保護政策)という「禁牧政策」の実施。その規定についての電話聞き取り調査。

(6)『義務教育課程標準実験教科書　思想品徳』9年級(全一冊),漢語版,内蒙古教育出版,2006年,98頁。モンゴル版,42頁。

(7) 同(6), 2頁。

(8)『中華人民共和国刑法』第4章249条,中国法制出版,2006年修訂版。

第Ⅱ部
新中国における少数民族の教育政策

第5章

少数民族意識と政治の背景

第1節　中国の情勢──1922～1957

1　少数民族政策の変遷

　中国共産党における少数民族について最初の言及は，1922年7月の第2回共産党大会宣言においてであった。そこでは，「モンゴル，チベット，回疆の3部族に自治を実行し，民族自治連邦とする」こと，「自由連邦制によって中国本部，モンゴル，チベット，回疆を統一して中華連邦を建設する(1)」ことが宣言された。しかし，当時中国共産党は地位を確立していなかったため，中国共産党の民族政策は，民族自決権を肯定するか否かの間で揺れていた。中国共産党の少数民族政策は，ソ連の民族政策を模倣しており，1931年11月の中華ソビエト第1回全国大会で採択された中華ソビエト憲法の第14条では，「中華ソビエト政権は中国境内の少数民族の自決権を承認し，また各少数民族が中国を離脱して独立国家を形成する権利を承認する(2)」ことを規定し，少数民族の自決権，分離権を保障した。さらに1935年12月20日，毛沢東は中華ソビエト中央政府を代表し，「35宣言（中華ソビエト中央政府対内蒙古人民宣言)(3)」を出し，内モンゴル地域におけるモンゴル民族の権利を承認し，各民族が平等に団結し，日本の侵略に抵抗することを提唱した。1938年10月の毛沢東の政治報告により，中国共産党は反帝闘争のため各民族を動員し，民族統一戦線を最大の課題に結集する過程で，国内の少数民族に対する認識を変え，独自の少数民族政策を打ち出した。すなわち，1938年11月の党中央委員会第6回会議において，少数民族は漢族と共同して抗日し，漢族と連合して統一国

家の樹立を認めるものの,「中国を離脱する」分離権と自決権は否定された。

これを見ると,中国共産党は,当初ソ連の民族自決権と連邦の考え方を継承していたにもかかわらず,次第に独自の民族政策へと変質していった。紅軍の抗日戦争の具体的経験を通じて毛沢東は,漢族も少数民族も一緒になって全民族による民族統一戦線を結成しようと強調するようになり,先述のように,全民族で構成される孫文の「中華民族」(4)概念を引用した。

中華人民共和国成立直前の,1949年9月に採択された中国人民政治協商会議の「共同綱領」においては,自決権と連邦権の承認は否定され,民族自治権のみが保障された。それは,中国国内の少数民族地域に実施されている民族区域自治政策のことであり,その自治権の及ぶ範囲は特定の地域に限定された。1947年に,内モンゴル自治区が中国初のモンゴル民族の権利を承認された民族自治区域として成立した。この採択された「共同綱領」は,新憲法が制定される（1954年）まで暫定憲法の役割を果たし,その民族政策が適用された。

この「共同綱領」あるいは1952年8月に採択された「民族区域自治実施要綱」,さらには1954年に採択された「中華人民共和国憲法」では,そのすべてが民族自決権の考え方を否定し,民族区域自治の語を用いて中国の民族政策を説明している。すなわち,「民族区域自治」とは,少数民族の中国から離脱権,分離権及び自決権の明確な否定を意味するものであった。(5)

2　少数民族識別工作

新国家建設にかかわって,中央政府は国内の少数民族の把握調査を始めた。そこで中央政府から末端地方に至るまで各行政機関を組織し,各級人民代表の選出と民族自治政府を形成するか否かを判定する必要があった。

当時の中国における民族政策を理解するには,1950年代初期から始まった「民族識別工作」に言及する必要がある。中華人民共和国成立後の民族政策の基本方向は,1949年9月に採択された「共同綱領」によって民族区域自治政策が提案された。民族識別工作は,この基本方向を具体化するため実施さ

れた政策である。主な目的は，自ら少数民族だと名乗るグループを，少数民族であるか，そして単独の一つの民族であるかどうかを確定することであった。

中華人民共和国成立当初は，モンゴル族・回族・チベット族・ウイグル族・ミョウ族・イ族・ヤオ族・朝鮮族及び満州族の9つの民族が承認されていた。その他の国内の民族を把握するために，中央政府は民族識別調査団を派遣し，少数民族の社会・歴史・言語調査を行った。1950年代から1986年までに3回の国勢調査（人口調査）に基づく民族識別工作を行い，今日では中国における55の少数民族が認定された。

第1期は1950〜1954年で，中央政府は西南，西北，中南，東北，内モンゴルなどの地域へ訪問団を派遣し，少数民族の社会調査を行った。1953年の第1回国勢調査までに，民族としての承認を申請した民族グループは400余りにのぼり，そこで29のグループが新たに民族として認定された。建国当初の9の民族と合わせて38の民族集団を少数民族として認定された。

第2期は1954〜1964年で，中央民族事務委員会が雲南，広東，貴州の各地に調査団を派遣し，民族識別調査を進めた。その結果，1964年の第2回国勢調査と第3回全人代までに15の少数民族が認定された。1965年にロッパ族を認定して少数民族は54となった。

第3期は1978〜1986年までで，1982年の全国第3回の国勢調査までにギノー族が認定され，中国には漢族以外に55の少数民族になったが，そのうち2000万人はそれまで漢族として申告していた[6]。中国における民族，とりわけ少数民族とは，きわめて人為的且つ政治的概念であったことを押さえておかなくてはならない[7]。

3　少数民族教育政策

（1）新中国成立初の少数民族教育政策

中国における少数民族教育は，歴史発展と公式文書からみると，民族の言語，文化的独自性を重視しながら行われる教育である。

55の少数民族を抱える中国にとって少数民族政策は，国家統一のためのきわめて重要な課題である。先述のように中国共産党は，1931年に中華ソビエト共和国憲法大綱の中に「国内の各民族は一律に平等である」と規定したとおり，民族教育を重視し，すでに日中戦争時期の1935年12月20日に，毛沢東は中華ソビエト中央政府を代表し，「35宣言」を出した。そして各民族が平等に団結し，日本の侵略に抵抗することを提唱した。

　当時は，抗日統一戦線をつくる目的の民族政策の基に中国共産党における少数民族教育が始まった。1941年9月18日，革命本部地である延安で，陝北公学民族部の基に「延安民族学院」を設立した。共産党は，民族言語・文化・歴史・経済・生活・習慣を研究し，少数民族地域では革命工作に従事する漢族幹部及び少数民族幹部を育成する目的で教育を実施していた。

　新中国（中華人民共和国）は，建国当時に内モンゴル自治区の民族教育の方針をそのままに少数民族教育のモデルとしていた。

　1949年の内モンゴル自治区第1回教育事業会議で，「少数民族の言語と文字を発展させ，少数民族学校では，自民族の言語と文字で授業する」[8]という方針が明確にされている。

　1951年の第1回中国における全国民族教育会議で作成された「内モンゴル自治区小学校教育暫定実施方法」第11条には，初等教育1・2年の生徒に対しては，モンゴル族学校はモンゴル語で，漢族学校は漢語で授業を受けることを明確に規定していた。また第12条には，「モンゴル族小学校は，原則として二種類の文字は学習しない。必要があれば高学年に入ってから学習させる」[9]と記している。

　1952年8月9日，中央政府の「中華人民共和国民族区域自治実施綱要」により，民族区域を「不可分の一部」と制定した上で，各民族自治区機関の役割は，自民族の言語・文字の使用と自民族の文化・教育事業の発展及び民族幹部の養成等に限定された[10]。

　1954年9月に制定された「中華人民共和国憲法」第3条は，次のような民族問題に関する基本原則を定め，中国の少数民族政策のあり方を示した。

「(序言) 我が国の各民族はすでに団結して, 一つの自由で平等な民族大家庭となった」。

「中華人民共和国は統一された多民族の国家である。各民族は一律平等である。いかなる民族に対しても敵視と抑圧を禁止し, 各民族の団結を破壊し, または民族の分裂を引き起こす行為は禁止する。各民族はすでに自己の言語・文字を使用し発展させる自由を有しており, すでに自己の風俗習慣を保持し改革する自由を有している。各少数民族が居住する地方では民族区域自治を実行する。各民族の自治区域は中華人民共和国の分離できない部分である」[11]。

このように成立当初は, 清朝及び中華民国時代の民族政策とは異なり, 民族語で教育を行うこと, 民族の伝統文化を教えることにより, 民族的アイデンティティが尊重されていた。

(2) 少数民族教育の変遷

1952年4月16日, 中央人民政府政務院民族教育行政機構を設立する際に, 以下のように決めた。

「少数民族教育活動を指導するために, ここにおいて, 中央人民政府及び各級地方人民政府の教育行政部門の内に民族教育行政機構を設立し, 少数民族教育事項を管掌する専任担当者を設ける。中央人民政府教育部内に, 民族教育司を設ける」[12]。

少数民族への優先優遇政策は「中華人民共和国民族区域自治法」の中で教育に関して以下のように規定されている。

「国は, 民族学院を創設し, 高等学校に民族クラス, 民族予科を設ける。特に少数民族の学生を募集・採用するとともに特別の定員配分という方法をとることもできる。高等学校及び中等専門学校は, 新入生を募集・採用するにあたって, 少数民族の試験生に対しては, 採用基準及び条件を適宜に緩める」[13]。

しかし, 1957年になると国民統合という中央政府の路線が強力に押し出さ

れたことにより，内モンゴル教育庁は漢語授業の導入について「民族学校の中で，愛国主義教育を徹底し，先進民族の文化を吸収し，民族の言語を豊かにするために，自治区の民族学校はすべて漢語の授業を加える[14]」ことになった。

1958年，青島で行われた「全国民族工作会議」において，中央政府は少数民族に対して民族伝統文化を重視し，民族言語，文字を発展させる「民族化」の教育政策を進める一方で，同時に少数民族政策の目的は，「国家・国民」の統合にあることを露骨に現し，それが今日における少数民族教育政策の基本をなすに至っている。

第2節 「国家・国民」意識の形成における変遷——1988~2000

1 「国家・国民」の概念

国家・国民という概念は，封建制を基本とする中世と異なり，中央集権・合理主義・資本主義を基本とし，徴税・軍事・教育を国権の柱とする「近代」が生み出したイデオロギーである。一つの民族が一つの国家をなすべきだとする考え方で，近代国家のあり方の典型とされる。国民意識が成立するためには，言葉・宗教・生活習慣を共通とする「国民」の存在が条件となる。逆にいえば，同一の言語を話し，同一の国籍を有し，同一の法の支配のもとにおかれる存在を国民と呼ぶとするなら，国民の存在はそれほど古い歴史を持つものではない。

また，民族を「言語共同体」（言語の共有）として考えるならば，それは支配的な民族語による地域的な民族語の吸収・征服によって形成される民族国家である。そしてそこに「国民」という概念が生み出されるのであって，国民とは単なる国家の民のことではない。したがって，言語統一が成立することが国民・国家形成の前提条件となる。

実際，ヨーロッパでは，百年戦争などを通じて，「フランス人」や「イギリス人」といった意識が成立したと言われる。国民・国家のモデルになる

「フランス」という国は，身分や階級や地域の違いをこえて「フランス人」が構成していることになる。オック語，ブルトン語などの地域の民族語の征服・吸収を通じて近代的国民・国家が完成された。そしてこの言語統一には，いずれの国においても無償の義務教育が最大の役割を果たしたといってよい。

さらに，学校教育は，社会の上昇への道を提示することによって，個々人を国家へと直接結びつける役割を果たした。国民・国家形成の根幹は，さまざまな法制度の整備（公教育，労働組合法，選挙法改正など）を通じての国民の意識形成にあった。

しかし，ドイツやイタリアなどの近代化の後発組のように，国家統一と近代国民・国家の創出という2つのレベルを同時に抱え込んでいる地域では，国家統一というナショナリズムが強大な勢いを持つに至った。イギリスやフランスのような諸制度の受益者意識から生み出される「制度としてのナショナリズム」とは異なり，「運動としてのナショナリズム」が展開された。そして国家統一のあとに，やはりそこで「国民」意識の形成という問題が浮かびあがる。日本でも「ただ政府であり未だ国民あらず」[15]との発言が明治維新後になされたが，この点ではドイツやイタリアも同様な課題を同時期に抱えていた。上記のように帝国主義段階の各国家は，「国民」の創出によって内部の安定をもたらした。

2 ユーゴスラビアにおける国家・国民の変遷

一方，ユーゴスラビア社会主義連邦共和国は，社会主義システムにおける多民族国家であった。しかし，冷戦の終結と東欧社会主義の崩壊は，この国を「ヨーロッパの火薬庫」に引き戻した。

1991年6月，スロベニアとクロアチアの両共和国はユーゴスラビア連邦からの独立を宣言し，セルビアが主導するユーゴスラビア連邦軍とスロベニアとの間に十日間戦争，クロアチアとの間にクロアチア紛争が勃発した。十日間戦争は短期間で終結したものの，クロアチア紛争は長期化し，それまで地域社会で共存していたセルビア人とクロアチア人が相互に略奪，虐殺，強姦

を繰り返す「憎しみの連鎖」が生まれた。

　また，1992年3月に発せられたボスニア・ヘルツェゴビナの独立宣言をきっかけに，独立に反対するセルビア人と独立を推進するボシュニャク人（ムスリム人）が軍事的に衝突，独立に賛成多数の立場をとるクロアチア人がこれに加わった。これが同年4月より始まったボスニア・ヘルツェゴビナ紛争である。ボスニア・ヘルツェゴビナの地では，セルビア人・クロアチア人・ボシュニャク人が共に住んでいたため，状況はさらに深刻で，セルビア，クロアチア両国が介入したこともあって戦闘は泥沼化し，その過程で民族集団殺害が発生した。

　1995年7月，セルビア人勢力は，国際連合の指定する「安全地帯」であったスレブレニツァに侵攻し，同地のボシュニャク人男性すべてを絶滅の対象とし，8000人以上を一斉に殺害するスレブレニツァの虐殺を引き起こした。この虐殺は，旧ユーゴスラビア国際戦犯法廷および国際司法裁判所によってジェノサイド（民族大虐殺）と認定された。1996年に起こったコソボ紛争でも1999年にジェノサイド（ラチャクの虐殺）が発生し，国際問題へと発展した。

3　中国における少数民族政策の反発

　中国で，2010年に行われた第6回国勢調査の主要データ公報（第1号）によれば，総人口13億3972万4852人のうち，農村・山間地域には6億7315万人が住み，総人口の50.32％を占めている。中国は漢族と55の少数民族で構成され，憲法上も「統一した多民族国家」と規定されている。55の少数民族は全人口の約10％を占めるに過ぎないが，実数は1億人にも及び量的には決して「少数」ではない。現在の中国において，この55の少数民族の国家統合をめぐる民族問題が，中国政府を悩ませる政治問題として浮上しつつある。

　1988年に費孝通の「中華民族多元一体構造論」のもと，「多元一体」のバランスを中国中央政府がとってきた。しかしながら，漢化政策は結果的に，「チベット騒乱」（2008年）と「新疆ウイグル暴動」（2009年）を引き起こした。何千人の犠牲者を出したという情報もある。これは何を示しているのか。

2010年4月，内モンゴル自治区書記である胡春華（1963〜）の指示で，内モンゴル自治区におけるモンゴル人の一番集中している地区である通遼市・赤峰市のモンゴル民族高等学校で，モンゴル語の教科を除く全教科で漢語による授業を行う「教育改革」に踏み切った。

それがモンゴル人の反発を招き，共通漢語による教育が停止されたまま内モンゴル全体では，2014年の今日までその状況が続いている。

さらに2010年10月19日，中国青海省黄南チベット族自治州同仁県で，チベット族の高校生ら7000人が「漢語（共通語）による教育を強要され，チベット族の言語や文化が衰退する」などと抗議し，市街をデモ行進した。同県の6校の高校生徒が同日朝，地元当局庁舎前でデモ行進を始め，周辺寺院の僧侶も加わった。参加者は「チベット語の使用を拡大しよう」「民族の平等を守ろう」などと，横断幕を掲げて抗議した。これも地元当局の，チベット語と英語を除く全教科で漢語による授業を行う「教育改革」政策への反発が招いた結果である。また漢族の教員が大量流入し，チベット族は失業するとの危機感も広がった。[16]

それ以外でいえば，2012年，香港新世代の反「洗脳教育」運動が起こったが，「国民教育」導入政策は撤回されたわけではない。「学民思潮」は抗議活動を引き上げたものの，新たに「政府関係者がメディアに公開された場でわれわれ市民と話し合うこと，そして国民教育政策の全面撤回を求めていき，絶対に譲歩はしない」と声明を発表している。それは，ここ数年間に高まっている香港の若者たちの「香港価値観」である。これが今後いかに香港の政局に影響を与え，香港を手中に収めて世界に誇示したい中国にインパクトを与えていくであろうか。今回の「反国民教育」キャンペーンはインターネットを通じて，中国国内にも事細かに伝わっている。中国で唯一，立法機関に直接選挙制度が導入されている都市，香港の今後を見守っていく意義はあるだろう。

学校に関しては，政治的権力は決して行使されてはならないのである。何が教えられ，なぜに教えられるべきかということは，最高命令，つまり国家

の名において規定されるのではなく,「学校のもっている目的や創立者の意図によって定められる目的によって規定されるべきである」とドイツの教育学者のバゼドウトラップ (1724～1790) は述べている[17]。

　中国における少数民族政策の出発点は,各民族の「平等」を法律的に認めている。しかし,建国から現在まで,実際には少数民族政策は紆余曲折をたどり,ある時期には特別優遇措置が少数民族に与えられ,ある時期には少数民族が直接的攻撃の対象になる危険にさらされてきたのである。この問題は,単に当時の中国政府首脳部による恣意的な判断の結果であったとするだけでは済まされない複雑な背景や構造を持っている。

　上記に述べたように,中国における少数民族教育は,なぜか歴史の各時期に新しい民族政策が打ち出され,全国規模で極端に異なる結果を生み出している事実がある。それが,中国における55の少数民族において,伝統文化及びアイデンティティの確立にどのような影響を及ぼしているかを検討する必要があると考える。それを次章でみていきたい。

注

(1) 日本国際問題研究所中国部会編『中国共産党資料集』第1巻,勁草書房,1967年,142頁。

(2) 同(1),453頁。

(3) 『毛沢東集』第2版第4巻〔1935年11月〕,蒼蒼社,1983年,15～16頁。

(4) 横意山宏章『中国の異民族支配』集英社新書,2009年,168～169頁。

(5) 加々美光行『中国の民族問題危機の本質』岩波現代庫,2008年,97頁。

(6) 毛利和子『周縁からの中国民族問題と国家』東京大学出版会,1998年,61～62頁。

(7) トクタホ「内モンゴル自治区における教育問題の源流――清朝末期以降の民族政策との関連において」『国際教育』第15号,2009年,59頁。

(8) 韓達主編『中国少数民族教育史』雲南出版社,1998年,103頁。

(9) 同(8),107頁。

(10) 同(8),109頁。

(11) 同(4), 179頁。
(12) 『内蒙古民族教育工作手冊』内蒙古教育出版社, 2004年, 34頁。
(13) 『中華人民共和国民族区域自治法』第6章第71条, 中国法制出版社, 2004年, 20頁。
(14) 『日本学習社会年報 第3号』2007年, 58頁。
(15) 福沢諭吉『学問のすすめ』(全集第3巻) 岩波文庫, 1959年, 48頁。
(16) 『読売新聞』ネット2010年10月20日19時42分。
(17) バゼドウトラップ『国家と学校』金子茂訳, 明治図書出版, 1969年, 151頁。

第6章

中国における義務教育制度

第1節　義務教育の変遷

1　義務教育法の確立

　新中国（中華人民共和国）では，学校教育制度は1951年の「学制改革に関する決定」で5年制教育が提唱されたが，1953年に4年制と2年制をあわせた6年制初等教育に変更された。それまでも大躍進期（1958～1960年）に就学年限短縮のため新学制が考案されたが普及はせず，文化大革命（1966～1967年）までは，おおむねこの1953年に決定した制度が一般的であった（図6－1）。文化大革命の間は，政治的混乱が学校現場へも波及し，制度そのものが成り立たない時期があったが，1970年代に入ると大躍進期をモデルとして，大幅に就学年限を短縮した学制が実施された。その特徴は，大学入学資格に最低2年間の労働を義務づけたことである（図6－2）。1986年の義務教育法によって現在の制度が完成した（図6－3）。基本的に日本などと同じ6・3・3・4制である。(1)

　1949年新中国成立後，義務教育という概念そのものが資本主義に基づく抑圧的概念として斥けられてきた。

　1956年1月に出された「1956～1967年全国農業発展綱要（試案）」には，「1956年から，各地の状況に応じて，7年あるいは12年の内に小学校義務教育を普及させる」ことが規定され，同年9月に中国共産党中央委員会「第8回全国代表大会に向けた政治報告」で，「12年以内に時期を分けて小学校義務教育を普及させる」としている。(2)しかしこの義務教育実施プランが半年後

第Ⅱ部　新中国における少数民族の教育政策

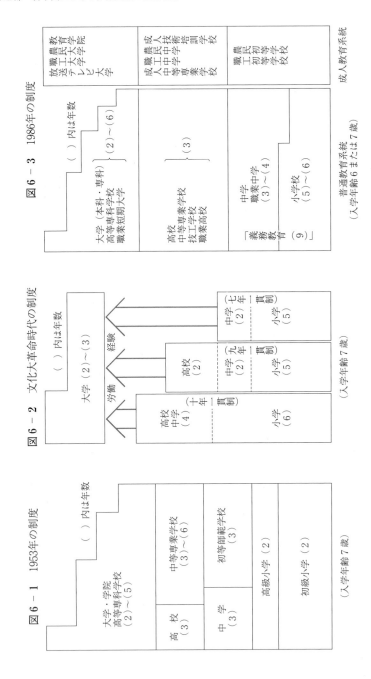

図6-1　1953年の制度
図6-2　文化大革命時代の制度
図6-3　1986年の制度

に取り消されたことからわかるように,中国では財政上あるいは理念上の問題などにより,文化大革命終結後まで義務教育の本格的導入へと向かう動きはなかった。

中国共産党・政府レベルで公式に改革開放政策への転換を表明したのは1978年末の中国共産党「13期3中全会」である。改革開放政策の導入とともに,近代化実現のため国家的規模で義務教育を制度化する必要が生じた。1982年の改正憲法に示された「初等義務教育の普及」,1985年に中国共産党中央委員会「教育体制改革に関する決定」に示された「9年義務教育の実行」が明確に示されたものが,1986年「中華人民共和国義務教育法」(旧法)で,同年7月1日から施行されることになった。

2 旧法における義務教育

義務教育法は全18条からなり,10条で教育を無償,11条で保護者が子どもに規定の年数の教育を受けさせる義務,児童労働の禁止,16条で体罰の禁止,そして9年間の義務教育を保障すると謳われている。

しかし,1980年代からの中国社会の急速な発展は,当時の教育にも大きな影響を与えた。義務教育は広範な普及をみせたが,その一方では,経済発展に左右されて,施設・設備,教育内容,就学保障などの面において,地域格差,学校格差を大幅に拡大させることとなった。それが大きな問題になり,一番目立つのは財政や教育費などのカネをめぐる問題である[3]。

義務教育法(旧法)の施行以降に生じた問題として,教育部の周済部長(就任2003~2009)は,①義務教育投入予算の不足,②子どもの過重な学習負担,③教育資源の地域間・学校格差,④学校による不当な経費徴収,⑤重大な学校事故の発生,⑥教科書編纂をめぐる不当な利益追求,を挙げている[4]。

その一つとして,地域間格差是正への積極的取り組みが明示された。上述した周済部長の分析の中に複数項目の内容にまたがって挙げられた問題が,内モンゴル地域で特に顕著である。

義務教育法(旧法)の第8条 義務教育事業は,国務院の指導の下,「9

年制義務教育を実施し，基礎教育については地方が責任を担い，行政レベル別に管理する原則を実行する」というものである。長年にわたって続いてきた「国がすべてを請け負う」体制の弾力化であり，教育経費の供給源を多元化することがねらいであった。しかしながら，実際の運用において，責任と管理の主体は郷（ソム）レベルの政府となり，主な経費投入主体が郷・鎮財政や農民（牧民）に変わったのである。[5]

義務教育法で地方分権化の方向が示されると，各地で管理分担が行われ，一般には，県が高級中学，師範学校，教師研究学校，各種の職業中学を管理し，小中学の管理はソム（郡）・鎮に任す分業体制ができ上がった。ただ，農村の最基層に位置する郷・鎮の財政状況や教育管理能力は千差万別であり，権限を下ろされても，その任を全うし得ないことも少なくなかった。そこで1987年6月15日，当時国家教育委員会（現教育部）財政部が出した「農村基礎教育の管理体制改革の若干の問題に関する意見」では「郷レベルの職責・権限が大きすぎる」と警告していた。

しかしながら上級からのお墨付きを得たことで極端な分権が進み，財務管理から教員人事まで，あらゆる事項を郷・鎮に押しつける事態が起こった。責任を負わされたものの財源の乏しい郷・鎮府は，その分をそのままに住民に押しつけ，さまざまな名目での経費の徴収が行われた。

第2節　内モンゴルにおける義務教育の成立

1　内人党事件までの義務教育

内モンゴルの義務教育は，文化大革命前まで，内モンゴル中西部に位置する徳王の「内モンゴル自治運動」の一環で行われた。その広い範囲の地域では，12歳以上の子どもを強制的に入学させ，寄宿制学校を含む義務教育制度が確立されていた。内モンゴル自治区は，新中国成立より2年前の1947年7月1日に成立した自治区である。内モンゴル人民党（内人党）と中国共産党の代表とが交渉した協約により，内モンゴルの現状と政策は50年の間変えな

いということになった。

　内モンゴル地域は当時，人口が少なく，自然資源が豊かであった。モンゴル草原は，「儒商人（漢人）」にとって，夢想の世界であり，お金を儲ける一番理想的な地域として次のように伝えられていた。

　　「豊かな生活を得るため，家族を故郷に残し，新婚夫婦でも離ればなれになり，モンゴル草原で何年，何十年も働き，儲けた金で，家を建て，土地を買い，畑をつくる」。

　中原（河北，山西，陝西）地域の漢人は北元朝のアラダン・ハン（1507～1581）の時代から，モンゴル草原で出稼ぎ労働者の「走西口(ゾーシコ)」になり，関東（山東）地域の漢人は，清朝の1653（順治10）年からモンゴル草原に入り「闖関(チンカン)」と呼ばれる出稼ぎ労働者になった。それほどモンゴル草原は富をもたらす土地であった。

　内モンゴル自治区は，新中国の政治・経済・軍事などの成長面も支えていた。中国共産党における少数民族についての「優遇・優先」政策も当時は力を発揮していた。遊牧地域で暮らしているモンゴル民族の子どもの就学義務も普及していた。「文化大革命」前までは，入学している子どもたちの費用を地方政府と内モンゴル政府の「人民奨学金」から出し，寄宿制学校の生徒たちの生活が保障されていた。

　1947年，内モンゴル自治区政府「政府誓政綱領（基本施政）」の中に「モンゴル語の雑誌・新聞・本を広め，モンゴル歴史の研究，モンゴル民族学校における教科書の普及，モンゴル文化の発展を重視する」と記されている。[6]

　しかし，内モンゴル自治区のモンゴル民族に対して1966～1977年頃，「206」案件[7]から「内人党」がまだ存在しているという理由で，共産党は残酷な民族大殺戮，漢化統一政策を強行した。毛沢東の「権利を奪う」という嫌疑をかけ[8]，1966年にモンゴル族指導階層者から一般の民族意識が高い牧民までが被害を受けた[9]。その時，政治的混乱が学校現場へも波及し，「人民奨学金」が停止し，民族学校教育自体も停止状態におかれた。内モンゴル自治区では1970年代初めから，一部の民族学校が授業を再開したが，民族学校の特徴がなく

なり，漢語（中国語）が分からない子どもに漢語の授業を行うようになった学校もあった。

上記の「内人党事件」以来，内モンゴル自治区は自治権利を失い，中央政府の指示を受けるようになった。また，移民の急増や自然破壊，地球温暖化などの原因で遊牧地域は不毛の地となり，牧民たちの生活は根本から変わることとなった。

2　移民の流入と風土の変質

内モンゴルは，内陸温帯ステップ地帯にあって，気候の変化が大きい。年間雨量は80～450mmで，農業地区の年間降水量は200～450mmである[10]。内モンゴルは一年を通して風力が強く，とくに北部地域では5級（風速8.0～10.7m/secにあたる）以上の強風日数が年間100日以上になる。冬の強風は寒波と豪雪を伴うことが多く，「白毛風」と呼ばれ，家畜の放牧には大きな脅威となっている。年間平均温度0～8℃，寒波の後はしばしば－40℃以下の低温となる[11]。

モンゴルの人々は昔から良い水と草を求めて自由に移動し，自給自足の生活をしてきた。自分たちが生活しやすい環境に適応できることを知っているのは，厳しい自然環境から身を守ることの重要性を教わってきたからである。

一方，中国は改革開放政策を実施し，経済発展を進めてきた。内モンゴルにおける放牧地域は今まで行われてきた政治運動から解放され，中国に適した経済発展を期待されていた。内モンゴル自治区が設立された1947年から2010年時点に至るまでの，当自治区における漢民族の人口増加は次のようになっている。

1950～1961年の間は，内モンゴル自治区における漢族の第1期移民急増期である。移民人口は346万1400人であり，同期間での内モンゴル地域の全増加人口の56.55％を占めている，とくに1958～1960年の「大躍進」時期の増加人口225万1000人のうち，移民人口は8割近く（75.56％）を占め，最も多い1960年には106万300人（96.75％）が移民による人口増であった[13]。

1963〜1978年までは第2期移民増加期である。この間に258万7000人の移民があった。1969〜1971年の間では、中国全域で起こった「上山下郷」運動の中、内モンゴル地域は他の省から10万人を越える青年たちを受け入れた。1971〜1972年の間に内モンゴル西部に25万人の移民が転入した。さらに1973〜1974年、東部のホロンバイル盟を中心に移民が急増し26万人に達した。そして彼らが広大な土地を開墾した。それは、自然破壊の原因の一つともなった。

1980年代に入り、第3期移民増加安定期に入り、人口移住は年間20万人程度になっている。

1985年から身分証の移動が簡便になり、また、2000年の「西部大開発」政策により、内モンゴル自治区の人口2471万人の8割は漢族が占めるに至る。

しかし、移民の流入、無計画な開墾や草原の開発、また1970年代末からの牧民の定住生活が原因で、内モンゴルの自然環境が、1980年代から1990年代末になると悪化の極点に達した。建国から1980年代初めまで、内モンゴル自治区の草原で約30年間に5回にわたり大規模の開墾が行われた。内モンゴル中央部のシリンホトより西の典型的ステップ地帯には、淡粟色土が発達している。その有機質含有量は通常1.5〜2.5％であり、10〜20cmの深さからは、カリーチ（砂）となり、土層は比較的薄い。

内モンゴルの歴史の中で、この開墾面積は最大で、207万ヘクタールの草原がなくなり、134万ヘクタールの砂漠が生じた。その結果、内モンゴルの88の旗と県のうち67の旗と県が砂漠化された。1958年には、一人当たり所有する家畜動物が114頭であったのに対し、1979年になると一人当たり17.4頭まで下がった。

また、内モンゴル自治区西部に位置するアラシャ盟では、1993年から1999年までに7年連続して発生した砂嵐により、直接的な経済損失は五億元に達した。2000年には砂嵐は21回発生し、2001年には34回に達した。2000年に全国で発生した19回の砂嵐のうち8回はアラシャ盟に起因するものである。

ここ10年間に内モンゴル西部の降水量は年間50〜250mmになり、2005年、

内モンゴルの中西部で,気温が35℃以上の天候が1ヵ月ぐらい続き,アラシャ盟では42℃が記録された(25)。それが原因で,家畜が被害に遭い,内モンゴルの中西地域は大変厳しい状況に陥った。

筆者の調査では,10年前に500頭以上の馬を飼っていた家が,調査時には50頭しか飼っておらず,また3歳の羊から肉が30キログラム以上とれたが,今では半分に減ってしまった(26)。草原で暮らしている多くのモンゴル人の人々が,日常生活ができなくなり,やがて子どもの教育も深刻な問題になる悪循環に陥った。

3 生態移民計画の始まり

1980年代,改革開放政策の下に,急に市場社会に入った内モンゴルのモンゴル民族は商売に対しての意識が非常に低かった。モンゴルの法律書『イヘザサガ』には,「嘘をつく人」,「物を盗む人」に対して,血と汗を流さず,人のものを占有するのは一番卑しいものと書かれている(27)。販売は,利益のために良い物だと言って物価をつりあげることから,モンゴル語で商売のことを khdaldoga(ホドロドガ)と読み,商人を khdaldogaqin(ホドロドガチン)と読む。これは嘘をつくという意味である。鉱産物の開発については,モンゴル人は地面に穴を掘ることは自然環境にあまりよくないという伝統的考え方で,鉱山労働者になる者も少ないのが事実である。このように商売意識がなく,破壊され変わっていく自然環境が,モンゴル民族の生活を厳しいものにした。

中国では,移住を必要とする貧困農業人口が約700万人にのぼるとされる。そのうち,相当の部分は内モンゴルを含めて中国の西部で生活している。そこで,国は投入資金を増やし,貧困人口を悪化した生態環境から移住させることによって,その生活を改善させるという,いわゆる「生態移民」計画を実施している。

小学校から中学校までの9年間は一応義務教育である。しかし,学校は雑費が多く,子どもにとっては経済的に負担が大きい。地域においては経済状

態によりその負担を保護者に任せるようになった。一学期で，教科書代160元，雑費が一人当たり小学生60元，中学生80元となる。寮費40元，暖房費120元（冬），食費は月に100〜130元，ノート代15元，クラスの活動のために一人当たり15〜20元，パソコンを学ぶ費用30元，制服代60元，土曜日の授業費30元，集資助学金（学校の建設費）30元など（2002年まで）である[28]。

　1992年の市場経済化の結果，国家教育委員会は，1993年に全国の民族教育を発展させるために改革指導要綱を出し，「人民に依処した教育，人民のための教育の実現」という2つの実現を求めた[29]。教育改善の資金を多方面から集めるために，全力を挙げて宣伝されたが，結果的には民族教育の教育費が減り，民族教育分野では経費や人材不足が深刻化した。そして，大量の民族出版物が廃刊となり，民族学校が漢語学校に合併されるなど，さまざまなことが起こりつつある。その理由としては，行政による資金援助は減少し，地域が貧しくなっていること，また，少数民族学校の生徒数も少なく，資金があまり集まらないことがあげられる。これらのことから，学校の施設・設備がなかなか整備できない現状が続いている。

　1988年末から1990年代初めまで，世界経済発展の影響で内モンゴル放牧地域では経済的な好機を迎えた。カシミヤ（原材料）1キログラムの値段が440元まで上がり，カシミヤを取得するために「大合戦」になった。ところが，商売人が，より金を儲けるためにと，カシミヤの重量増を図って不当な手段を使い，カシミヤの中に兎毛，砂，化学薬物などの偽装物を混ぜたことにより，信用を失い市場が暴落し，1990年からカシミヤの値段が1キログラム60元以下となった。しかし，当時の政府は，日々急増する経費のため税金を下げるどころか，逆に加税を図った。それが，内モンゴル放牧地域に暮らしている人々の生活にさらに重い負担となった。

　2000年以降，農民の負担軽減を目的とした「税費改革」が進められた。この改革のねらいを示したスローガンの一つは，「農村義務教育経費の確保」であった[30]。ところが，この税改革は基層レベルの郷や村において，さらに深刻な経費不足を逆にもたらすことになった。それは主として改革後に「農村

教育費付加」および教育関係の各種資金徴収が禁止されたことによる。

「教育費付加」とは，義務教育費の財源を国からの財政支出だけに限らず多元化する目的で1986年から導入された一種の教育税である。商品税，営業税を1％ずつ上乗せして徴収し，これを当該地域の義務教育に充てるものであり，都市では後に税率が2〜3％に引き上げられ，また，農村では各省ごとに税率を決めることになっていた。

税改革後，都市では「教育費付加」が継続徴収されているのに対して，農村ではこの部分の収入が期待できなくなってしまった。

2000年より「西部大開発」が始まり，内モンゴル自治区の貧困問題を解決するために，同年に中国中央政府は，2号文件を発行し，2001年から内モンゴル地域において「天保工程」(環境保護「生態移民」政策) という「禁牧政策」を実施した。

内モンゴルにおける「放牧禁止」政策は，貧困地域の住民に安定した生活を与えようと，2000年から，一部移民を「小康村」[31]に移住させ，農業と科学的に鶏・豚などの養殖をする試みであった。一部の住民には自ら生存する道を設け，5年間は国から生活援助金を与えるという政策である。しかし，地方と国からの補償が不十分であるうえ，従来の生活が不可能になった牧民たちは，家を離れ，ほとんどの家畜を手放し，多大な損失を負い，「被害者的な立場」に置かれたのである。子どもの教育に関しても，移住した先に民族学校が整備していない問題もあった。

この深刻な状況に対応するため，2001年5月29日に国務院は「基礎教育の改革と発展に関する決定」を公布し，農村の義務教育強化が「戦略的任務」であるとして，「各レベルの人民政府が，管理体制を完備し，経費の投入を保障して，農村の義務教育の持続的健全な発展を推進しなければならない」と定めた。これを受けて2002年4月14日には国務院が「農村義務教育の管理体制を完備することに関する通知」を出し，より具体的に各レベルの人民政府が果たすべき指導・管理上の責任を示した。その最も重要なポイントは，農村義務教育の管理責任体制では「県を主とする」ということであった。ち

なみに,「県を主とする」方針は,1993年に公布された「中国教育改革・発展要綱」でも,特に農村教育の義務教育では「県を主とし,郷・鎮を補助とする」管理体制が示唆されていたのであるが,具体性に欠け,必ずしも実効性を持たなかったと見ることができる。上記2002年の「通知」に示された各行政レベルの守備範囲と責任はきわめて具体的であった。しかしその当時,内モンゴル自治区における牧民たちの生活が平均水準よりきわめて低下した。

1997～2001年までの筆者の調査によると,学校を中退した生徒数は平均31.5％に達している。1999年,筆者の勤めていた内モンゴル自治区烏拉特中旗モンゴル族中学で,全校生498人のうち167人の生徒が中退している。ある日,そこの女性徒が授業中に栄養失調で倒れたことがあった。原因を調べると,彼女は姉妹3人で3月の生活費が100元（1元13円）であった。月に中学生一人当たりの食費は100～130元と決められている。彼女はこんなに苦しい生活の中で,全自治区モンゴル族高校に進学するための入学試験では巴彦淖爾盟で成績1位であったが,残念ながら経済的に余裕がなく入学できなかった。

第3節　2006年の義務教育改正法

2006年,第10期全国人民代表常務委員会第22回会議での採択を経て,中華人民共和国義務教育改正法が公布された[32]。この時は,まず暮らしと調和のとれた社会づくりを目標とする新たな情勢下で,これに相応しうるための改定であるとされた。

新旧を比較してみると,旧法が18条18項であったのに対して,新法は全8章63条102項と,条項が飛躍的に増加した分だけ,詳細かつ厳密な規定と内容の充実が見られる。また,「憲法」「教育法」をはじめ,未成年者保護法・国家公務員法・民営教育促進法との関連にも言及され,それらとの整合性を重視したことが分かる。加えて,両者にはいくつかの本質的な違いが認められる。

1 新法の内容

　2003年および2005年には，農村の義務教育経費の投入が農村の税費改革前の水準を下回ることのないように，中央や各省庁など上級行政レベルからの交付金を増額する方針が国務院によって相次いで打ち出され，さらに2006年には「農村義務教育経費の保障メカニズムの改革を進化させることに関する通知」によって，具体的な方法が示された。この時期に緊急に解決すべき課題として掲げたスローガンは「2つの免除と1つの補助(33)」を実現するというものである。

　「2つの免除と1つの補助」とは，義務教育段階で，書籍費，雑費の免除，そして寄宿生徒の生活費の補助を行うことを，まず一部の農村の貧しい子どもから始め，次第に義務教育段階にあるすべての児童・生徒にまで拡大するものである。その際，中央が「1つの免除と1つの補助(34)」つまり雑費免除と寄宿生の生活費補助の責任を担い，地方財政はこれとタイアップして，雑費免除を請け負った。また，困難を抱える児童・生徒に対して中央と地方が面倒をみることや，人数は地域間の格差がないようにしなければならないとも規定された。

　内モンゴルの貧困地域の移民の生活は，土地と引き換えに国からの補償によって保たれており，学校に寄宿せざるを得ない子どもの義務教育費用もかかる。子どもの書籍費は国家民族委員会が全額負担し，学校公用費は年間に国家教委から一人当たり500元，生活費700元が補償されるようになっている。

　新法第2条で「義務教育の実施では学費，雑費を徴収しない」と明記し，「義務教育は国が保障をするべき公益性事業である」としている。第9条では，義務教育の実施を妨害し，重大な社会的悪影響を及ぼすことに対して，その指導責任をもつ政府や教育行政部門の責任者を辞職させることが規定されている。その法の下に義務教育が保障されるようになり，学校の設備から，教師の研修教育までに力を入れるようになっている。しかし，地方格差と経済発展による物価の上昇などの原因で，地方における子どもたちの生活援助金がまた足りなくなり，子どもが安心して教育を受ける環境に影響を及ぼし

ている。

　内モンゴル自治区教育庁の民族教育ネットでは2007年，2008年度の義務教育に関する報告中に全自治区の義務教育段階の子どもたちの就学率と卒業率が100％に達していると載せている。しかし，中国における物価の上昇により，2005年には子どもたちの生活費は月120元程度であったが，2008年になると月390元になり，学校生活を維持できなくなる家庭の子どもも出てきている。2009年9月7日に筆者が実施した電話調査から，筆者が来日前に勤めていた中学では，2008年度の65名の中学卒業生の中に2人が中退したことが分かる。

　内モンゴルの義務教育の発展からみると，数年来の行政による改革努力が実を結んでいるように思える。しかしながら，内モンゴルにおいても少なからぬ問題が生じている。それは，義務教育費補償のための改革がある程度進展した現在，父母の関心はむしろ民族教育の未来と，その教育を受けた子どもの未来に対して，就職難などの不安に向けられている。それらのことが電話調査の回答の中に垣間みられるのである。

2　義務教育の機会均等を保障する措置

　新法の第6条では，各政府のレベルによる教育資源（教育費，教育課程，教育内容，教員，運営条件など）の合理的配分を通じて，義務教育学校がバランスよく発展することを求めている。たとえば，学校間の運営条件の格差縮小を目指し，「重点学校」と「非重点学校」に分けることや，同一学校内で「重点クラス」と「非重点クラス」に分けることを禁じているところに表れている（第22条）。

　「よい学校」を中国人は「重点学校」と呼ぶ。国，省，市の指定で教育設備が整えられ，優秀な教師を揃えた公認の進学校を設置し，これを「重点学校」とした重点学校制度に由来している。重点学校制度は建国当初，優れた人材（尖子人材）を育成するために始まったものである。中国では，農村から都市への戸籍移動は政策的に制限されていることに加えて，義務教育法で

は戸籍のある地域での就学を義務づけてきたことから，都市部において就学できない都市流入農民の子どもが近年増加している。しかし，新法第12条では，教育の機会均等については，都市に流入してきた農民の教育を受ける権利の保障が定められている。

また，新法では，都市に戸籍を持たない子女が十分な教育を受けられるよう，受け入れ側の地方政府が条件を整備すべきとしている。このほか，新法第18条，第19条及び第44条では，障害のある子どもや少数民族の子どもの就学保障の記述がみられる。

少数民族を含む中国人にとっても，長い間続いた教育制度の不備を懸念し，子どもの未来を考えて都市に移住している例も多い。

3　義務教育における「素質教育」の実施

1999年から，学校教育の改革により，創造性を重視し，徳・知・体の全面にわたって子どもの素質を伸ばすことを目指す「素質教育」の実施が提唱されている。2006年の新法第3条及び第34～37条では，素質教育の実施推進が盛り込まれた。これにより，素質教育の実施を推進し，教育の質を高めることが，今後の義務教育改革を進める政府の方針として明確に位置づけられることになった。

また，学習指導においては，学校及び教員に対して，児童・生徒の個の違いや人格を尊重すること，また，新法第29条及び第35条では，知識偏重の教育ではなく，児童・生徒の主体的学習を重視する教育の方法を採用することを奨励している。さらに，第33条では農村の学校や条件の不利な学校に優秀な教員や若手の教員を赴任させることを通じて，素質教育の実施を推進するとともに，教育の質の向上を図ろうとしている。

第4節　義務教育の課題

2008年9月の新学期から，農村部だけではなく，都市部においても，義務

教育段階で授業料とともに諸経費が無償となった。中国では，法律の規定が目標として掲げられているにすぎないという見方もあるが，今回，改正法による諸経費無償の規定が実施に移されたことは評価されてよいだろう。

2011年10月26日の中国国務院常務会で，同年秋学期から，農村義務教育を受けている生徒の生活栄養改善を実施する決定が公布された。主に貧困地区・少数民族地区・辺境地区・旧革命（老）区など680県（市）の約2600万の在校生徒に対して，中央財政部小中学校の生徒生活基準により，生徒毎に毎日3元（36円程度）を補い，寄宿制学校教育を受けている生活困難家庭にはさらに1元アップし，小学生は毎日4元（50円程度）で，中学生は毎日5元（60円程度）の基準で支給すると定めている。その支給金は中央財政から負担すると決定している。

1993年の中共中央，国務院による「中国教育改革・発展要綱」は，教育経費に関する国家財政支出の国内総生産（GDP）における比率を4％にする目標を掲げていた。しかし中国のGDP成長が早く，GDPにおける財政収入の比率が低いなどの原因により，その目標が実現できなかった。2009年，国家財政における教育支出は1兆2231.09億元で，GDPの3.59％となっているが，世界平均値の4.5％を下回っている。また，18年間に実現できない教育投資に対するGDP4％不足で，教育経費不足は1.6万億元を超えることになっている。それが，農村・山間・少数民族地域の義務教育の発展に直接影響を与えている。

草原では，幼稚園，保育所といった施設がなく幼児教育と障害児の教育はまったく行われていない。そこでは幼児は皆，小中町の学校（幼稚園）に入って児童教育を受ける。2004年の内モンゴル教育統計によると，全自治区に盲聾学校15ヵ所，特別支援学校14ヵ所がある。在校生は3148人と言われている。内モンゴル社会において障害児教育が必要とされているが，民族学校自体が不足し，さらなるモンゴル民族教育の発展に対する政策はきわめて不十分であると考える。

政府は2010年までに義務教育の未実施地域解消を目標に掲げているが，先

に述べたとおり，その目標に到達できるかは，農村部での普及にかかっており，温家宝（1942～）総理も2005年11月に北京で開催されたEFAの閣僚級会合で，中国でのEFAの推進において農村部の義務教育の普及・発展が最重要課題であると論じている。

こうしたなか，2008年5月に発生した四川大地震では，多くの学校や家屋が倒壊し，多数の児童・生徒が犠牲者となった。また2012年9月7日，中国雲南省昭通市彝良県にマグニチュード5.7の地震が起こった。40年以上使った土坯（煉焼していない半製品の赤土煉瓦）で造られた教室が倒れ，7人の生徒が埋まり，3人が犠牲者になるという悲惨なことになった。[39]

内モンゴル自治区の「生態移民」における子どもの就学問題は解決されるようになったが，「生態移民」地域による子どもの民族教育の問題は，未だなかなか解決されていない事実が電話調査から分かった。

保護者が一番悩んでいることは，子どもを漢族の学校に入れる社会環境の変化により，子どもが漢化されることである。

2014年まで，湖北省麻城県のある地域では，約3000人の小学生が入学に際し，机と椅子を持ち込んでいる（図6－4）。それは貧困地域の財政局による支出が困難であるということを示している。[40]

上記に述べたように，中国における義務教育に対して解決すべき問題は多々あるものの，義務教育法の新法を通じて，2010年から2014年現在までに義務教育未実施地域解消という目標を達成できているかが疑問である。新法に示されている，児童・生徒の就学保障など教育の機会均等と，素質教育の実施による教育水準の向上を目指す義務教育改革の動きに今後も注目したい。

図6‐4　学校まで机と椅子を持ち歩く親子

出所：南方報業ネット（2012年9月9日）より。

注

(1) 『現代中国事典』岩波書店，1999年，191〜192頁。
(2) 『中国教育年鑑』編輯部，1984年，123頁。
(3) 大塚豊「中国における義務教育財政改革——管理体制の弾力化・分権化の影響分析」『義務教育の機能変容と弾力化に関する国際比較研究（最終報告書）』《科学研究費補助金　基盤研究（B）研究成果報告書》京都大学大学院教育研究科杉本均研究室，2008年，183頁。
(4) 周済「関於中華人民共和国義務法（修訂草案）的説明」全国人大教科文衛委員会教育室編『中華人民共和国義務教育法学習輿宣伝読本』北京師範大学出版社，2006年，146頁。
(5) 同(3)，185頁。
(6) 夏鋳，阿布都・吾寿尓偏『中国民族教育50年』紅旗出版社，1999年，3頁。
(7) 図門，祝東力『康生与「内人党」冤案』中共中央党校出版，1995年，132頁。「206」案件は「内人党」事件のきっかけになった。中国共産党の自作自演による

政治陰謀である。1963年2月6日，内モンゴル自治区の中部にある集寧市で内モンゴル内人党が第2回の代表会議を行い，モンゴル民主主義共和国との合併提案が決定されたという内容の手紙が郵便局で見つかった。それは「内モンゴル人民革命党委員会」から「モンゴル民主主義共和国イケホロラ」代表に渡す手紙だという設定である。それがきっかけで，「内人党」事件が勃発した。

(8) 同(8)，24頁。

(9) 同(8)，その結果，34万6000人余りのモンゴル人が被害を受け，1万6222人が殺害された。

(10) 任美鍔『中国の自然地理』阿部治平・駒井正一訳，東京大学出版社，1986年，219頁。

(11) 同(10)，220～221頁。

(12) 1958年の生産建設の情勢を表現した言葉で，社会主義の建設は，共産主義的風格と損得を無視した共産主義精神の高揚によっていっそう早く達成できるとした社会運動である。

(13) 康越「国民政府形成における東北地域政治」博士論文（博甲第十号）補論「内モンゴルにおける人口移動の基礎的研究」2000年，大阪大学外国語学部（旧大阪外国語大学）図書館蔵，147頁。

(14) 同(13)，148頁。

(15) 文化大革命時期に行われた都市部の若者を農村・山間・辺境などの地域に送り，労働者から学ぶという政治運動である。

(16) 同(13)，150頁。

(17) トクタホ「内モンゴル自治区における教育問題の源流──清朝末期以降の民族政策との関連において」『国際教育』第15号，2009年，60頁。

(18) 1985年9月6日，第6期全国人民代表大会常務委員会，第20回会議で採択された「中華人民共和国居民身分証条例」である。戸口（住民票）制度を改め，「中華人民共和国居民身分証」を持ち，国内を自由に移動・移住することができるようになった。

(19) 小長谷有紀・シンジルト・中尾正義編『中国の環境政策 生態移民』昭和堂，2005年，18頁。2000年に開始された西部大開発の対象は，地理的に「西」にある地域ではなく，東部との対置における政治的には非中心，経済的には非農耕，文

化的には非漢字，民族的には非漢族の住民あるいは彼らの居住地域を意味する。それゆえ，東部を中心としてみた場合，西部は「辺境」であり，「異質」なものとされた地域である。

(20)　内モンゴル自治区2010年第六回中国国情調査（全国人口普査主要数据公報）報告。内モンゴル自治区統計局，2011年5月9日。

(21)　同(10)，223頁。

(22)　阿拉騰徳力海『内蒙古―挖（堀）粛災難実録―文化大革命―打反党叛国集団―挖内蒙古人民党革命党』自家版，1999年，352頁。

(23)　同(19)，172頁。

(24)　2005年，中国内モンゴル自治区烏拉特中期気象局内部資料。

(25)　2005年7月15日7時30分の中国のラジオ放送，内モンゴルの7月15日18時50分のラジオ放送。

(26)　筆者の2006年の聞きとり調査から。

(27)　JUVAINI『世界征服者史』何高済訳，内蒙古人民出版社，1980年，28頁。金正洛『千年人物』波・拉赫巴等訳，北京民族出版社，2003年，150頁。『イヘザサガ（札撤大典）』はチンギス・ハーンが制定した法令である。

(28)　内モンゴル自治区におけるモンゴル民族学校の雑費の標準。

(29)　『内蒙古民族教育工作手冊』内蒙古教育出版，2004年，198頁。

(30)　「農村税費改革中為什麼要強調三個確保」『人民日報』2002年9月13日。

(31)　1979年12月6日，鄧小平が外賓との会見で重要な概念を一つ言及したが，それが「小康（余裕のある中産層の生活）」である。それが鄧小平時代から中国における社会を発展させようとするスローガンとなった。

(32)　2006年6月に改正され，同年9月より施行されている。1986年の旧法と比べ，新法は，総則，児童・生徒，学校，教員，教育・学習指導，経費保障，法的責任，及び付則の計8章63条である。内容が大幅に追加され，かつ詳細な規定がみられる。

(33)　同(29)，16頁。

(34)　同(29)，16頁。

(35)　中国新聞ネット，2011年10月26日。

(36)　中国網日本語版（チャイナネット），2011年3月9日。

(37) 新華網北京，2012年7月29日＝劉奕湛，呉晶。
(38) http://www.nmgov.edu.cn/modules/news/article.php?storyid=326（内モンゴル自治区教育庁ネット），2004年3月26日。
(39) 新華ネット，2012年9月4日。
(40) 南方報業ネット，2012年9月9日。

第7章
素質教育の諸問題

第1節　素質教育改革の発展過程

　中国の教育方法は前章でも述べたが，子ども独自の個性や能力をのばす点を重視した「素質教育」(1)に対して，従来からのテスト点数を重視する「応試教育」が存在する。中国における近代的教育政策の変遷の中で，新たな教育方針として「素質教育」を実践し，子どものさまざまな素質や人間性を育てようとする教育が推進されている。その背景には，「応試教育」への過熱の対策や，詰め込み教育による弊害の排除がある。

　1980年代初めから，中国では国際交流が活発になり，世界の多くの文化の影響をうけて，中国の教育の不十分な点が認識された。そして，1990年代半ばに中国の教育界や教育関係者の間に学校教育の果たす役割を見直そうという意識が広まったのである。

　1999年，中国政府が「教育改革の深化と素質教育の全面的な推進に関する決定」を公布し，新世紀に向けた新たな改革を始めた。2001年に国務院が「基礎教育の改革と発展に関する決定」を定め，6月に教育部が「基礎教育課程改革要綱（試行）」を公布し，基礎教育のカリキュラム編成，教育内容を調整・改革し，素質教育に応じるカリキュラム体系を決定した。

　2005年1月，教育部が「人を育てることを基本にし，道徳教育を最優先する」ことを継続決定し，さらに全面的に素質教育を広めるべきだとした。そして，2006年6月29日，義務教育新法の第3条に，「素質教育は教育における素質を高め，適齢児童・少年の品徳・智力・身体などの素質を全般的に発

展させ，理想を持ち，道徳があり，知識をつけ，紀律を守る社会主義を建てる担い手を育てる基礎教育である」と定めた。しかしながら，中国の教育現場には，人口過多，競争激化，伝統文化の影響，地域格差をはじめ，少数民族教育，教育行政部門の責任，社会腐敗などの問題があり，このような教育政策が保護者の希望に合致するとは思われない。保護者たちは，素質教育を受けた子どもたちが学校教育に対する期待や夢を失い，学力が低下し，未来への展望をなくす恐れがあると考えている。教育現場では，国家の教育方針である「素質教育」の通りに行うか，伝統的な「応試教育」の通りに行うかが問題となっている。また「素質教育」の実施の結果，子どもの遊び時間があまりに多いという批判も生じている。

中国における素質教育に関する先行研究では，カリキュラム改革について，その価値観，知識観などに肯定・否定両面からの論争が起こっている。論争の根本的な焦点はカリキュラムと知識の本質についての違いであり[2]，「科学的に人材を育てる」ことへの転換である[3]。「素質教育」は，日本の教育と比較すると，中国版のゆとり教育路線や新しい学力観であり，受験競争が激化し，拝金主義的・個人主義的教育観が広がっている現状に対して，中国政府が「素質教育」によってこのような社会的風潮を改めようとしていると解されている[4]。

本章では，経済における価値観の転換に伴い，自己の誇りと自覚とを失っている社会の現状において，すべての生徒に向きあうという「素質教育の理論」が生徒たちの一人ひとりの個性を発展させるという目的をどの程度達成できているかを検討したい。

1 素質教育における改革の背景

1970年代末から始まった経済改革は，対外開放とともに，対内的では経済発展戦略の基本方針を定め，中国経済の活性化，市場化，国際化を促した。この改革が中国に最も激しい変化をもたらし，教育現場にも急激な競争をもたらした。

1982年に行われた国勢調査によると，中国の総人口のうち，非識字者人口と半非識字者人口が28.8％を占めていた。中国の非識字者率は，まだ世界123ヵ国のうちの50位に位置していた。国民の質が経済の改革と発展の要求に即応できないのを意識した中央政府は，経済改革が実施された直後，教育界に「全民族の素質を高め」ようと呼びかけ始めた。

1977年，統一の「大学入試」が復活され，1978年，中国の主要な大都市でエリート小・中，高等学校が続々と設立された。これまで十数年にわたって，教育改革の呼びかけがますます盛んになった一方，教育現場に存在している「受験競争」の問題もますます深刻化してきた。

1985年に，北京市第49中学校の12歳の女子生徒が，親からのよい成績への重圧に堪え切れず自殺した事件は，社会を驚かせた。また，1997年，浙江省紹興市のある優秀な女子学生が良い成績を取るために，すべてを顧みずに自分にきびしい勉強を課して，不幸にも教室の中で急死した。点数と進学の圧力は目に見えない綱のように，学生たちをしっかりと束縛している。そのように，一方的に進学率を追い求める傾向は，中国における基礎教育の発展の中で顕在化してきた問題となっている。というのも，2000年7月までは中国においては大学・中等専門学校を卒業した者に，国から仕事を分配する制度があったからである。それが，中国における貧しい農村・山間地域と都市部の社会地位が低い工人（労働者）の子ども・若者において社会地位を変えるチャンスであった。そのために大学に入れば，理想的な目標に達すると考えられていた。

2 素質教育における改革内容

（1）カリキュラムにおける改革

2001年，教育部の「基礎教育課程改革要綱（試行）」による児童・生徒の素質を全面的に発展させることを目指した素質教育改革の内容は，次のようなものとして規定された。

① 知識の伝授を過度に偏重する傾向を改め，積極的な学習態度の形成を強調し，基礎・基本的な知識と技能を習得するプロセスを，同時に，学習方法の習得と正確な価値観を形成するプロセスとする。

② 教科中心を強調するあまりに，科目数が多すぎる。また科目それぞれが統合的ではない。そこで，9年間一貫したカリキュラムを設定し，総合的科目を設けることによって，カリキュラム構成のバランスをとり，総合性と他に選択性を重視する。

③ 教育内容は「難しく，多く，偏っていて，古い」うえ，教科書にある知識を過度に偏重している現状を改め，教育内容を子どもの生活，現代社会及び科学技術の発展に関連付けて，子どもの関心と経験に注目し，生涯学習に必要とされる基礎・基本的な知識と技能を精選する。

④ カリキュラムの実施，つまり指導と学習において，受動的な学習，暗記学習，ドリル学習が強調されていたが，それを改め，児童・生徒の主体的な参加や楽しく探求する実践を重視し，情報の収集・処理能力，新しい知識を獲得する能力と問題解決能力，交流と協力能力を育成する。

⑤ 教育評価については，選別と選抜の機能を強調することを改め，児童生徒の発達を促進する機能を重視する。

⑥ カリキュラム管理は中央集権的なものから，国家・地方・学校の分権的管理を行う形態へと変え，カリキュラムを地方・学校，児童・生徒により一層適応させる。

1999年から3年にわたる改定作業においては，日本のゆとり教育を参考に，2001年に「基礎教育課程実施要綱（試案）」と義務教育段階の18科目（表7－1）の課程標準を公表した。[9]

今回の改革は，教育観，教育目標，教育内容，カリキュラム管理などに幅広く関わり，新中国以来（1949年）最も影響のある改革であると思われる。[10]しかし，素質教育の自由裁量的要素の高い「総合実践活動」と「地方や学校毎のカリキュラム」が総課程の16〜20％を占めるものと決めたが，残念なが

第7章 素質教育の諸問題

表7-1 義務教育科目(課程)設立及び比率

学年	1年生	2年生	3年生	4年生	5年生	6年生	7年生	8年生	9年生	授業時間比率(%)
科目の種類	品徳と社会						思想 品徳			7～9
							歴史と社会(あるいは歴史,社会のなかから選択)			3～4
			科学				科学(あるいは生物,物理,化学のなかから選択)			7～9
	国語・作文									20～22
			数学							13～15
			外国語							8～9
	体育						体育と保健			10～11
	芸術(あるいは音楽,美術のなかで選択)									9～11
	総合実践活動									16～20
	地方や学校毎のカリキュラム									
時間/週総数	26	26	30	30	30	30	34	34	34	274
時間/年総数	910	910	1,050	1,050	1,050	1,050	1,190	1,190	1,122	9,522

出所:2001年11月19日,教育部「基礎教育課程実施要綱(試案)教基〔2001年〕28号」『内蒙古民族教育工作手冊』内蒙古教育出版,2004年,94頁より。

らその内容は入学試験に出題されることがなかったので,学校も生徒も真剣に取り組まず,その制度の主旨は活かされることはなかった。

(2)小中学校における教師たちの教育技術能力

2004年12月25日,国家教育部が「我が国の小中学校における教師の教育技術と教育能力の水準を高め,教師の専門的能力の発展を促進させるため」,「小中学校教師の教育技術と教育能力標準(試行)」を正式に公布し,2005年4月から「小中学校における教師の教育技術と教育能力標準(試行)」を徹

底的に定着させた。
　その内容には「育成・試験・認定」という3つの標準がある。
　教育技術能力は「どのように教育を行うか」ということであり，各科目の教師たちに必要不可欠な能力である。その基準となるのは10種能力（アメリカNCTAF標準）である(11)。
　中国では，素質教育に合わせ，2001年に教科書の改革を行った。編纂された教科書は「新課程」といい，これを用いた教育を一般的に「新課程教育」ともいう。
　小中学校教師の教育技術と教育能力標準（試行）は，「新課程」教育改革において有益である。「新課程」教育改革の核心は，生徒たちの創造的精神を養うことである。そのために，教師の教え方と生徒たちの学び方を改革する必要がある。教育技術能力を育成することが教える側と学ぶ側の双方にとって有効な改革であることを示す。
　小中学校教師においてもその能力を育成するプログラムが制定され，プログラムに依拠して教科書が編纂され，2005年4月に教師技術能力を育成するプロジェクトが始まった。それは，2007年から全国的に行われ，当時5年前後で完全に施行する予定であった。
　2006年11月，試験が始まった。試験には中間テストと最終テストの2つがある。中間テストに合格した者が最終テストに参加する許可を得る。合格者には合格証書を与え，教育現場に入ることを認めている。

3　素質教育におけるメリット

　「素質教育」は「応試教育」と根本的に異なる2つの教育観であるとされている。それは，公文書だけでなく，教育部が主管し，中国人民大学が主編した『素質教育』・『素質教育研究』・『素質教育大課堂』などの雑誌において，さらにインターネットにおいて述べられている。それらの中で，素質教育のメリットを以下のようにあげている(12)。

① 異なる教育目的

「応試教育」は点数と選抜，高い点数を勝ち取り，進学資格を目指し，余りにも功利的な目先の利益を考えた行為である。それに対し，「素質教育」は教育を受ける側と社会発展の需要，国民の素質を高めることを目的とし，教育の長期的な利益を目指すものである。

② 異なる教育の対象

「応試教育」は高得点の生徒を重視し，多数の生徒を無視する。それは義務教育の「平等に教育を受ける」という主旨に反していることである。それに対し，「素質教育」はすべての生徒に向き合い，生徒一人ひとりに発展を与える教育である。生徒たちが生まれもった能力や環境の範囲内で十分発展させることができる教育である。素質教育は「差異性教育」である。つまり，差異がある生徒一人ひとりに向かい合う教育であり，生徒一人ひとりの差異を尊重し，平等に教育を受けることのできる教育である。

③ 異なる教育内容

「応試教育」の場合，試験と進学の需要をめぐる教育である。試験に基づく教育であるため，知識だけの教育であり，試験内容に合わせて教育を行う一方的な教育である。それに対し，「素質教育」は生徒たちの全面的な素質を高める教育であり，生徒たちの発展と社会発展の需要に合った教育である。

④ 異なる教育方法

「応試教育」は目先の利益のために，問題の解法を学ぶため，大量の宿題を出す。それが生徒たちに負担をかけ，生徒たちの全般的な発展に影響を及ぼす。それに対し，「素質教育」は生徒たちの優勢と潜在力を開発するために，生徒たちを啓発・誘導し，生徒たちが勉強できるようにし，生き生きとして活発に発展させる教育である。

⑤ 異なる教育評価標準

「応試教育」の場合は，学校における一切の仕事が試験をめぐって展開する。生徒たちは試験とそれに関わる知識，形式，応試技能，高点を勝ち取るなどの経験を集める教育である。教師ならば点数だけが教育の目的であり，

点数だけが生徒たちと教師の水準を測る尺度である。それに対し、「素質教育」は、生徒たちの素質を全般的に高め、生徒たちと教師の水準を多方面で評価する教育である。

⑥　異なる教育の結果

「応試教育」の場合は、多数の生徒たちが無視されるために、生徒たちは学校を嫌がり、個性が抑制され、続けて発展する可能性が低い。それに対し、「素質教育」は生徒たちの潜在力を発揮させ、個性も十分自由に発揮でき、今後の継続的発展の基となる教育である。

しかし、教育現場では資金不足などによって地域格差が補えず、たとえば理科の授業においては実験道具不足の状況が改善できず、実験内容から結果まで黒板に書き、「教諭が口授して、子どもが静聴する」といった従来型の教授一辺倒の教育も多々行われている。さらに、就職にあたっては、偏差値に基づく学歴が重視される状況は変わっておらず、今日でも学校教育の主流は、個々人の力を伸ばす「素質教育」というより、進学のための従来の「応試教育」であるといっても過言ではない。

また中国において若者たちの問題が次々に起こり、「80後・90後」[13]という言葉が、拝金主義・個人主義に落ち込んでいく若者世代の代名詞となっているのではなかろうか。

4　素質教育の現場

1997年9月12日、中国共産党第15回全国代表大会が北京で開幕し、江沢民（国家主席）は「真剣に党の教育方針を実行し、教育を受ける側の質の向上を重視し、徳、知、体の総合的に発達した社会主義事業を立ち上げる後継者を育てなくてはならない[14]」と強調した。

内モンゴル自治区では他の地域に先駆けて手本（模範自治区）になるため、中央政府の教育方針の下に素質教育を推進している。内モンゴル師範大学教育部教授ト・ハスバガンが「教学過程完全化」という教育理論を提唱し、内

モンゴルのモンゴル民族学校の前進のために尽力することになった。[15]

ト・ハスバガンの理論は，モンゴル民族の伝統文化・具体的生活・生産方法における「教えない学び」[16]に基づき生徒を指導する。1時間の授業を3段階に分け，はじめに先生が授業の内容と関係のある質問を出す。10～15分程度，生徒たちが自分で教科書を読み，内容を理解する。生徒たちが理解できないところを教師が指導し，一緒に解決する。その時，啓発・誘導が一番大事なポイントである。授業の内容は授業中に理解することを主張し，授業の後に宿題と復習を課すことには賛成しない教育方法である。こうして，普段は先生が生徒を観察しながら授業内容を習得させ，習慣を身に付けさせるといった生徒たちの重い負担を軽減させる教育方法である。

2003年になると，「新課程」教育の内容と合う「江蘇省洋思素質教育モデル　先に勉強・後に教え・授業中にトレーニング」[17]が新しい「素質教育」におけるモデルとして全国的に推進されることになった。

やがて，55の少数民族が，漢民族と統一的な教材・教育方法・教育評価の方式などの下で教育を受けるようになった。漢族と共通のスタートラインに立って平等とされているが，しかしその背後には，きわめて大きな不平等が隠されている。[18]つまりそこでは，少数民族と漢民族との間にある，子どものころから身につけた言語や育ってきた文化の差異がまったく考慮されていないからである。

第2節　子どもと保護者の望み

「よい小学校に行けなければ，よい中学校（初等中学と高等中学＝日本の中学校と高校にあたる）に行けない。よい中学校に行けなければ，よい大学にも行けない。よい大学に行けなければ，子どもの人生は終わりだ」というのが現代中国人の考え方である。厳しい受験競争に向けた，「受験教育」と呼ばれる教育に中国の親は熱心である。なにしろ，中国は日本以上に学歴社会であり，しかも一度競争から脱落したら，滅多なことでは二度と浮かび上がれな

い厳しい競争社会なのである。

　また先にも述べたが，中国は2010年に行われた第6回中国国勢調査の主要データ公報（第1号）によれば，総人口13億3972万4852人で，そのうち農村・山間地域に6億7315万人が住み，総人口の50.32％を占めている。ここでは，都市と農村の子どもたちの学習環境の違いをみてみよう。

1　大都市の保護者と子どもたち

　樋田大二の『国際6都市調査報告書』によれば，中国では，学業面での子どもへのプレッシャーが高いとされている。北京の小学生は，学習時間が長い。家庭学習時間は一日，平均132分である。

　北京では，「いい大学を卒業すると，将来幸せになれる」の項目に「とてもそう思う」と答えた人が41.9％。また，「将来一流の会社に入ったら，一流の仕事につきたい」が62.8％，「（中国は，）競争がはげしい社会だ」が64.7％であったという。北京の小学生は学歴重視で上昇志向が強く，しかも，競争社会認識が強いという傾向がみられる。

　前述の通り，中国は学歴社会である。伝統文化の影響で「息子の出世を願う」（望子成龍）ことは保護者の子どもに対する希望であり，「役所に知り合いがいるから頼めるよ」（朝里有人好办事）という考え方は子どもに対する希望の表れである。1970年代初頭から人口抑制策が始まり，1979年から厳格な「一人っ子政策」が推進された。今では，子どもの両親も「一人っ子」のケースが多くなっている。1人の子どもに対して，両親と4人の祖父母，合計6人の愛情が集中するため，甘やかされて育ち，「小皇帝」と呼ばれるわがままな子どもが増えたといわれている。

　学歴主義が強い北京においては，6人の親族のポケットから教育費が支払われるので，子どもの通塾率が76.6％と高く，土曜日と日曜日に集中する通塾は，週1～2日が70.4％と多く，また1回あたりの学習時間も長いことが知られている。

　2011年5月22日20時から中国安徽衛星テレビで放送されたニュースによれ

ば，地域の少年センターの夏休みに行われる「コース」について，小学校3年生の1クラス32人を取材した結果，申し込みをしたほとんどの子どもたちは国語・数学・英語のコースに申し込みをしているという。親と教師からの勉強への熱心さがいかに強いかが分かる。また，周囲の子どもが一生懸命勉強するので，自分も一生懸命勉強するのが当たり前であると思っている。この勤勉さの背景の一つに，前述のように，1人の子どもに対して6人の親と祖父母がいて，この6人が熱い教育期待をかけるという状況がある。将来の生活水準が高まるように，皆「金銭に向う」(向銭看) という精神の下，親が子どもの勉強を励ますため，小中 (中間テスト・学期末テスト) テストで，各科目で1点上がれば，家庭によっては1～10元をごほうび (10年前) として子どもに与える習慣があるという。

2　農村・山間地域の子ども

中国では住民を農村戸籍と都市戸籍 (城鎮戸籍) とに分けている。それは中国何千年の封建階層社会の名残りである。農村・山間地域の子どもにとって，生活が貧しく知識もない，また，情報が遅れているという不利な社会階層から離脱し，雨に濡れず，太陽を浴びない大都市の高級ビルで送る給料生活は年来の夢である。その夢のために，小中学生は非常によく家庭学習をする。平日には予習・復習や宿題にかける家庭学習時間が長い。自分で授業を発展させて学習することも多い。

子どもは，小学校1年生から朝6時半に起き，1時間以上も歩いて学校に通う。午後5～6時に帰った後，家の仕事を手伝いながら宿題をし，夜11時を過ぎるまで勉強するというのが，農村・山間地域の子どもの生活の実状である。

上記のように，大都市と農村・山間地域の学習条件を比べてみると，農村・山間地域の子どもたちは，自分の将来を変えるために，必ずしも有利な条件にない環境の中で大都市の子どもより何倍もの力を入れて勉強しているのである。

第3節　素質教育改革と社会の現状

1　教育現場に広まる賄賂の風潮

　内モンゴル自治区には、2004年に中学クラス数が全部で2万2058あり、そのうち生徒数が55人を超えた大クラスが4750、66人以上の超大クラスが2531にまで増えた。[23]

　2010年5月時点で、筆者の友達の娘が通っている内モンゴル自治区烏拉特前旗（旗とは、日本の町レベル）第一中学（重点学校）では、各学年に22クラスあり、1クラス平均生徒数が70人程度である。これは内モンゴルだけではなく、中国の教育現場では一般的なことである。

　生徒数がクラス定員を大幅に超えると、正常な学校授業を受けることに大きな影響を与える。特に教師たちが生徒たちを分類し、保護者の階層や経済力を考慮して、生徒のクラス分けをするようになった。それが後に教師の人脈関係をつくり、生徒の親たちから賄賂を受ける問題になっている。

　中国における「素質教育」は、もともと義務教育の段階に子どもの自尊心を尊重し、差別をなくし、平等に育てる教育であり、子どもの負担を減らすために学期テストをなくし、子どもの全面的な発達を保証する教育であると認められている。また「素質教育」には、学校教育の在り方について、「人間として高い資質の陶冶に主眼をおいて、一貫した慎重な配慮のもとに営まれる必要がある。そうしてこそ、学業を進めることと同時に人格を高めるような、それでいてなおかつ、一人ひとりの個性を延ばしうるような学校教育がはじめて可能となる[24]」と強調されている。

　しかし、中国における教育現場に賄賂などの良くない風潮が侵入していることは腐敗社会の一面を表している。中国での人脈は金銭関係を基にできるものである。「山に近い人は山に頼って生活し、海に近い人は海に頼って生活をする」（靠山吃山，靠水吃水）という伝統文化の下に、教師に生徒の親から金が入ってくるのは当たり前のことであると考えられている。

第7章　素質教育の諸問題

　そうして，保護者は子どもの未来を考え，素質教育政策の下においても教育を受ける目的は官僚になるためという伝統文化の影響を受けて，子どもの学習能力を幼いころから高めようと学校の教師（校長，担任の教師）にさまざまな願い事をすることになる。それが，一部の教師が賄賂を受け取る問題になり，クラス（班）委員や係決めまで，座席の順番まで値段を付けることが一般化している。以上のことが筆者の5年間の調査から明らかになっている。
　2006年の「義務教育新法」は勝手に現金を徴収することを禁止しているが，クラス（班）委員会員や係決めまで値段を付けて徴収するのは素質教育の段階にできた新しい徴収「方法」である。本当に，中国は「法網を破る」（上有政策，下有対策）ことのできる社会である。
　2011年6月11日13時05分中国人民ネット――人民テレビ（電視）の番組「学校の暴力がびっくりするほど」（校園暴力触目惊心）――「小六磚頭舗134期」の放送によれば，幼稚園の子どもに「未来の夢は何ですか」と質問すると，「私は未来に汚職員（貪官）になりたい」と答え，「なぜ」と質問すると，「汚職員になればいっぱい物がもらえるから」と回答した。中国共産党一党独裁社会で共産党の幹部になるのは，子どもにとっても一番理想的な目標であると考えられる。

2　学生たちの進路

　中国の大学卒業生の数は，2001年に103万人，2002年に113万人であったが，そこから毎年数十万人規模で増加している。2003年には187万人，2004年には239万人，2005年には306万人，2006年には413万人，2007年には496万人，2008年には569万人の卒業生が就職戦線に向かう。一方，就職率は2001年には90％だったものが，2003年から2006年までで70％台前半に低下している。[25]
　外資系企業（工場）が最も集中するのは，広東省の珠海デルタ地域である。広東省が中国全土の新卒大学生の受け入れ率が最も高いのである。2008年の就職戦線の結果，広東省においては，省内の大学から省外に流出した卒業生はわずか5.1％しかいなかった。一方で，広東省全体の卒業生数の2倍近い

190.3％もの卒業生が他省から広東省内に流入した。合計すると，卒業生の285.2％が広東省内で就職したことになる。[26]

この数字を他の地域と比較すれば，広東省に続く上海市ですら141.5％，北京市は97.5％で，いかに広東省内の企業が中国全土の新卒大学生を受け入れてきたかが分かる。

その広東省が金融危機で最も被害を被った地域だけに，2008年からの就職戦線は未曾有の厳しい時代が始まった。外資系企業があまり進出していない内陸の省では，金融危機の影響はもちろん，上海や北京でも広東省に比べれば金融危機の被害は軽微である。

上記データから見ると，ほとんどの学生たちは生活のために，グローバルな潮流の中で，企業に就職することが多くなっている。つまり，教育を受ける目的は官僚になるためという伝統文化の制約を超えていることが分かる。しかし，一方で故郷から離れたがらず地元に就職し，安定した生活を送りたいと考えている学生も多くいる。

その目標実現のために，一番効果があるのは現金である。中国で公務員になろうと思えば，採用試験があるのは当たり前のことである。しかしその他に主管官僚に現金を渡すのが試験で合格できるかどうかの大事なポイントになる。内モンゴルでは旗の公務員になるために，最低４～６万元（60～100万円）が必要になる。省（日本の県）レベルの公務員には最低15～40万元（250～600万円）になっていることが来日留学生の後輩たちの話から確認できた。

3　素質教育がもたらす新たな格差

人間の素質には，道徳的素質・知的素質・身体的素質・審美的素質・労働技能的素質などがある。「素質教育」はそれを全般的に発展させることである。中国における素質教育は21世紀に向けて国民の素質を高め，世紀を超える人材を育てる試験的政策である。

第６章３節でも述べたとおり2006年の新法において，第３条及び第34～37条で「素質教育」の実施推進が盛り込まれた。これにより，教育の質を高め

ることが，今後の義務教育改革を進めるための政府の方針として明確に位置づけられることになった。

　学生たちの進学率から見ると，2006年の中国の大学進学率は22％だが，北京市では72.9％と非常に高い(27)。それは，もちろん北京籍の子どもたちが首都の優れた環境の中で勉強し，学歴主義で上昇志向が強く，しかも，競争社会認識が強いということを表している。しかしながら，もう一つの理由は，中国華北地域のほとんどの名門大学は首都北京に集中し，北京籍の子どもに対して優遇政策があることである。

　小中学生は，授業中は平等に教育を受けているが，下校後，家で主体的に勉強するか，他で正しい指導を受けられるか，つまり合理的に潜在能力を発揮させる指導を受けているかが素質教育の主な分岐のポイントである。

　中国における学校教育現場では「応試教育」時代から今日の「素質教育」まで，学校教育に存在している拝金主義，家庭環境・地域差等の具体的社会問題が解決できていないのが事実である。さらに，「素質教育」の教育方針が技能能力を過度に要求し，知識の地位を軽視したことが，貧困農村・山間地域の保護者と生徒たちに対して「教育無用論」の理論的な根拠になり，その結果，その生徒たちが出稼ぎ労働者となって大都市で働いている事実がある。

　もちろん，「応試教育」と「素質教育」両方に弱点がある。しかし，共通点もある。それは子どもを育てるという目的である。「応試教育」は知識を尊重したが，知識も人間の素質の一つである。「素質教育」も「応試教育」を基に発展してきたものであり，お互いに依存しあって存在するものでもある。「素質教育」が始まり，十数年以上が経っているが，単に「素質教育」のメリットだけを提唱するより，「素質教育」が中国社会の現状に合っているかどうかを，教育現場の生の声にも関心を向けながら検討する必要がある時代になっていると考えられる。子どもたちが受けた教育を基に成長し，身に付けた知識で潜在能力を発揮し，急激に変化しつつある社会の中で，「自己がこれまで経験していなかった新しい状況に出くわし，自分自身を見つめ，

自己否定し，新しい自分を求める」ことが教育を受ける最終的な目的である。

　中国経済のいびつな発展と地域格差によって，出稼ぎ労働者，共働き家庭，貧困農村・山間地域などの子どもにおける「素質教育」の問題は山積している。中国における人口過多，受験競争の激化，拝金主義・個人主義の社会環境の中で，人間の本能や衝動に基づく動物的欲求までが「自発性」などと称して尊重されては，個人主義は利己主義となり，自由が放縦に陥ってしまう。社会の現状を踏まえて中国の国情に合った自己抑制力（理性）を強くする教育が必要であることは明らかである。

　現在の子どもが教育を受けている環境，生活条件，子どもの進学・進路先を分析すると，教育現場においてすべての生徒に向きあうという「素質教育」の理論は，官僚などの富裕家庭，時間的余裕がある家庭の子どもの潜在能力を発揮させることを重視する教育になっていることは間違いないであろう。

注

(1)　『中華人民共和国義務教育法』中国法制出版社，2007年，16頁。
(2)　項純「中国における素質教育をめざす基礎教育改革をめぐる論争」『京都大学大学院教育研究科紀要』，第56号，2010年，367頁。
(3)　田変「中国の『素質教育』についての検討——経済の高度成長期における中日の教育政策の比較」『東京都立大学人文学部人文学報　教育学』35号，2000年，105頁。
(4)　http://benesse.jp/berd/center/open/report/gakukihon_6toshi/hon/index.html（2011年5月23日）樋田大二『国際6都市調査報告書』第3章　現地調査レポート，2北京編「北京調査から教えられたこと」。
(5)　中国科学院国情分析センターグループの研究，1882年の調査。
(6)　同(3)。
(7)　1997年12月17日『羊城晩報』。
(8)　教育部の「基礎教育課程改革要綱（試行）」。『中国教育報』2001年，第2版。
(9)　『内蒙古民族教育工作手冊』内蒙古教育出版，2004年，95頁。
(10)　同(2)。

⑾　アメリカNCTAF標準。①教授する学科を深く理解する。②生徒たちの学習に対してよく理解する。③生徒たちを指導するとき教育技能を示す。④積極的に学習する環境を作る。⑤評価基準に基づいて生徒たちを判断し，問題に対処する。⑥現代技術を課程の中に入れ，生徒たちの学習を支持する。⑦同士・保護者・地域住民，他の教育者と協力して生徒たちの学習を改善促進する。⑧選択的に思考する教育能力を実践し，教育改革にいい条件を作る。⑨教科内容と教育思想方面に絶え間なく前進する。⑩生徒たちに学習熱を徐々に持たせる。中国教育部教師司［2006］30号文件を参考。

⑿　http://zhidao.baidu.com/question/2899867在2011年2月11日，石蕾「浅析素質教育」。

⒀　1980年代，1990年代に生まれた若者。

⒁　1997年9月12日『人民日報』。

⒂　ト・ハスバガン「教学過程完全化」『内蒙古師範大学学報』1997年，第四期，47〜50頁。

⒃　モンゴル民族が自然環境に合わせた遊牧生活・社会活動などによって身につけることができた生きていくための生活方法を学校教育の中に活用しようという学習方法。

⒄　1999年11月4日，江蘇省教育委員会蘇教基（1999）105号文「関于学習洋思初中改革課堂教学模式全面提高課程実施水平的指導意見」。

⒅　樊秀麗「文化の中断・断裂——中国における多文化教育の現状について」『日中教育学対話Ⅲ』春風社，2010年，250頁。

⒆　2010年に行われた第6回中国国勢調査の主要データ公報，第1号。

⒇　同(4)。

(21)　同(4)。

(22)　同(4)。

(23)　http://www.e56.com.cn/minzu/west/menggu4-1.htm，2004年内蒙古自治区教育事業統計公報（内蒙教育網　2005年08月05日）。

(24)　ランゲフェルト『続　教育と人間の省察』岡田渥美・和田修二訳，玉川大学出版部，1976年，197頁。

(25)　http://jbpress.ismedia.jp/articles/-/904　2011年7月4日。

(26) 同(25)。
(27) 人民ネット（網）日本語版，2007年6月28日。
(28) 田中圭次郎編『道徳教育の基礎』ナカニシヤ出版，2006年，7頁。

第Ⅲ部
内モンゴル自治区における民族学校の教育

第8章
民族学校教育とアイデンティティの形成

第1節　少数民族学校にみるアイデンティティ阻害要因

1　寄宿生活を経た若者の自己不全問題

　中国における少数民族学校は，少数民族の自律発展・自己確立にとって重要な位置を占める教育機関である。それは伝統文化・民族の歴史を学び発展させ，民族意識を培い，さらにはその時代その時代の社会に適合できる人材を育成する上で不可欠である。しかし，現代中国が直面する教育に関する課題の一つとして，少数民族教育を担うべく設立された少数民族地域の民族学校が，むしろ民族としてのアイデンティティの形成を阻害しているという問題を生み出している。

　序章でも述べたが今日の中国における教育は，主として1988年の費孝通による「中華民族多元一体構造論」との考え方に基づいて行われている。そこでは，中央政府は「多元一体」のバランスを取り，「和諧社会」を創出すると唱えているが，そのねらいは漢民族文化を中核とする「多元一体」である。

　中国における少数民族地域の多くは，全国土面積の71.4％を占める辺境地域に位置し，地理的・宗教的・文化的・経済的な制約・影響を受ける中で，学齢前の子どもたちは，家庭や地域社会において長年培ってきた伝統的民族文化の大きな影響下で育っている。しかし，学齢期になると，子どもたちは親元から離れ，寄宿制民族学校で集団生活をしながら，漢文化に重きをおく教育を受けて暮らすことになる。

　モンゴル民族の放牧地域における子どもたちは，幼い頃から寄宿生活をす

ることによって，規則正しい生活習慣を身に付けることができる。また，幅広い年齢層の集団生活の中で，子どもたちは人間関係がうまくいく方法を身に付け，自分を守る意識も強くなる。さらには，自然に競争心を起こさせ，他人に対する思いやりある心を育て，互いに力を合わせ，常に相手に感謝の気持ちを忘れず，忍耐強い人間に育っていると考えられる[2]。

しかし，一方で筆者の行った調査によると，民族学校で教育を受けたにもかかわらず，そこで育った若者たちの中から，「その生活は依然貧しく」「アルコールに依存する者の数さえ増えている」，さらには「モンゴル語で話すことは恥」「現下の，中国における就職難の厳しい環境の中でせっかく就職できたとしても，今後何をよりどころにどう生きたら良いのか自分に自信がない」などの意見があり，アイデンティティの未成熟によると思われる自己不全に陥っている若者が多く生じている，という事実が浮かび上がってくる[3]。

少数民族学校に関する先行研究では，これまでの少数民族教育が相当数の「文化的中心から排除された人々」を生み出しているとか[4]，近代的学校教育による民族の「文化的断裂」が原因で，一部の児童・生徒の知能や潜在能力の合理的な開発が阻害されている[5]，あるいは，漢語教育重視の中で，少数民族の母語・文化が軽視されていることが少数民族の子どもや若者のアイデンティティ確立の脆弱さを惹起している[6]，などとの指摘がなされている。

そういった中で，本章においては，中国の少数民族学校教育のモデルともなっている，内モンゴル自治区の寄宿制民族学校教育に焦点を当てる。人間が生きていく上で根源的な意味を持つアイデンティティ確立の阻害に関して，中央政府の政策下にある少数民族学校教育のもつ内在的要因を分析し，どの要素が少数民族の次世代のアイデンティティ確立を阻害しているのかを具体的に詳らかにしていきたい。

2 寄宿制学校教育の制度化

1980年8月9日中国共産党国務院は，教育部（文部科学省）と民族委員会の「少数民族教育の強化に関する意見」を承認した[7]。

1982年10月18日，教育部は中国新疆ウイグル自治区イリのカザフ自治州において，「全国牧畜地区・山間地区における少数民族寄宿制小中学校の経験交流会」を開催した。そこでは，内モンゴル自治区におけるモンゴル民族の寄宿制学校制度が主たる議題となった。その結果，少数民族地域における寄宿制学校の有効性が認められ，同年の12月20日に教育部は，「全国牧畜地区・山間地区における少数民族寄宿制小中学校の経験交流会紀要」を出した。それを受けて，内モンゴル同様，人口も少なく居住地の分散している全国の少数民族地域に，内モンゴルにおける寄宿制民族学校方式を普及させる決定がなされたのであった。

その結果，新疆ウイグル自治区では，現存，改修，再建された学校合わせて121所の寄宿制学校が開校した。広西チワン族自治区では，24ヵ所に寄宿制学校が創られた。また1984年には，同じく少数民族が居住する貴州省共産党委員会は，「他地域の上級学校に合格した少数民族の生徒を入学させるため，小学校に少数民族寄宿制クラスを設立する」という方針も決定した。1994年末には，「西蔵（チベット）全自治区第5回教育工作会議」において「2，3，6，9」という目標が定められ，交通の困難さ・自然状態・物的課題を克服するため，主として「集中学校を柱とする，寄宿制学校を中心に据えて学校を建設する」という方針が決定された。

また2006年9月1日に施行された，中華人民共和国改定義務教育法（新法）の第3章17条においては，「県級の人民政府地元毎に寄宿制学校を設立し，居住分散地域の適齢児童を入学させ，義務教育を保障する」と規定した。これにより，寄宿制学校は中国少数民族地域の特性に合わせた，法律的に保障された学校制度となったのである。

しかしながら，四半世紀をかけて試行錯誤の末に法制度化された少数民族寄宿制学校教育において，教育目的の柱の一つであるアイデンティティ確立が，何ゆえに先のような問題につながっているかについて具体的に究明したい。

3 「四結合，四為主」

　1947年5月内モンゴル自治区が成立し，1953年の第1回「牧区小学教育会議」において寄宿制学校建設が提案された。当時，内モンゴル自治区の経済状況や社会的諸条件の制約から，民族小中学校の形態は多種多様であり統一的状況には程遠かった。たとえば，「巡回小学校」（教師が牧育の繁忙期を避けて居住地域へ出掛け，数ヵ月授業するような形態）などもあったのである。(15)

　このような経緯から，同会議において寄宿学校建設が提案されたのであるが，それは「四結合，四為主」(16)の原則によるものであった。その原則とは，次のような内容のものである。①従来からある地域の私立の学校と公立学校とを統合し，公立学校とする。②巡回学校地域の学校と寄宿学校の集中学校を統合し，集中学校とする。③寄宿生徒と自宅通学生徒とを統合し，寄宿制を原則とする。④全日制学校と半日制学校とを統合し，全日制学校とする。

　さらに，1984年には「中華人民共和国民族地域自治法」が公布され，「両主一公」(17)の政策の下，民族学校への就学支援が強化充実されるに至った。

第2節　寄宿制学校のカリキュラム

1　全国統一カリキュラム

　2003年には教科書の改革に基づき，小中学校の算数・国語・社会などの科目は教育内容が改善され，カラー写真や演習問題も多く盛り込まれた。しかし一方では，子ども向けの読み物でさえ，ほとんど中国語（漢語）で書かれているなど問題は残されていた。

　先にも述べたが，1949年に社会主義中国（新中国）が成立してから今日まで，教育部は8回にわたって全国的な統一カリキュラムの全面改訂を行ったものの，イデオロギー教育重視，知識伝授中心の教育方法，全国統一大学入試制度などについては改善されることはなかった。1950年代に入ると，教育部は直属機関として人民教育出版社を設立し，中央集権的な教育方針を堅持するため，カリキュラム改革や教科書の編集・出版を独占的に人民教育出版

社に行わせた。⁽¹⁸⁾

　1999年から3年にわたる改定作業においては、日本のゆとり教育を参考に、2001年に「基礎教育課程実施要綱（試案）」と義務教育段階の18科目の課程標準を公表し、「素質教育」⁽¹⁹⁾が始まり、生徒個々人の能力・適性に応じた全人格的成長を目指すようになった。しかし、第7章の第1節に述べたように、今日でも学校教育は、個々人の力を伸ばす「素質教育」というより、進学のための従来の「応試教育」であるといっても過言ではない。

2　モンゴル民族教育のカリキュラム

　大学入試制度については、先の改定作業にも変化はなく、少数民族の学生たちも大学進学に際しては、全国統一大学入試（6月7日）に参加しなければならない。そこにおける試験問題は、少数民族言語で作成されているゆえに公平といわれているが、その内実は、漢語で作成された問題を単に翻訳したものにすぎない。これがどのような不平等を意味するかお分かりだろうか。また55の少数民族は、漢民族と統一的な教材・教育方法・教育評価の方式などの下で教育を受けているので、大学受験において漢族と共通のスタートラインに立っており平等であるとされている。しかしその背後には、上記と同じくきわめて大きな不平等が隠されている。少数民族地域を全面的に発展させようと提唱している中国において、「少数民族政策」の本来の意味をその実例から検討しなければならない。

　内モンゴル自治区におけるモンゴル民族学校のカリキュラムも、先に述べたように漢民族学校をモデルとしている。民族的特色をもつべき思想道徳・歴史の教科書ですら、漢民族文化の中で書かれたものをモンゴル語に訳したにすぎない。モンゴル文化中心の教科書は、今日でもモンゴル語（国語）の教科書だけである。したがって学校で使われる教科書はすべて、「一綱一本制」や「審査制度」などの制度上の制約を受けてきており、民族的特色をもった教科書は未だに作成されるに至っていないのが現状である。

3 二（双）言語・三言語教育政策

2章でも述べたようにモンゴルにおける最初の学校「崇正学堂」は貢親王によって1902年に創設された。そこでは創立当初から，社会変容に適応するために多言語教育が実施されていた。[20]

新中国設立後，1950年に「双語（母語，漢語）教育政策」が始まり[21]，1951年の第1回全国民族教育会議において，少数民族の言語・文字政策と少数民族地域における漢語教育についての基準が定められた。内モンゴル自治区教育委員会は，民族教育の社会変化レベルに合わせるために，民族学校の中学校では，1999年秋学期，中学1年生から「三言語（モンゴル語・漢語・外国語）教育」を開始し，2001年の秋学期からは民族学校の小学3年生でも「三語教育」を始めると決定した。[22]

中国においては，1950年代の中頃から社会主義国の一員としての文字改革運動が行われた。すなわち社会主義国家の一員として，文字はロシア語のキリール文字を使うか，漢語（中国語）を使うかという2つの試案が出された。その中で内モンゴル自治区は，モンゴル人民民主主義共和国の影響を受けた歴史的背景のもとに，キリール文字を採用して学校で教えるようになった。

しかし1958年，青島で行われた「全国民族工作会議」において，周恩来はキリール文字の採用という「文字改革」の中止を宣言した。[23]その結果，それぞれの民族の言葉をその民族の文字で表記しつつ，名詞や名前に関しては，同じ意味の漢語の読み方で読ませることとした。そしてその読み方は，母語や拼音(ピンイン)[24]で表記し，漢語への一元化を行い，モンゴル語については文法だけが残されるという民族文化の破壊が始まった。

その教育政策に基づいて，1955年からの週あたりの授業時間数は，表8－1のように決定された。

表からは，モンゴル語関連（モンゴル語＋モンゴル語文法）の授業時間数が，中学校段階では週平均7.3時間あったものが，高校では5時間に減っているのに対して，漢語の授業時間は中学校段階で週4時間であったものが，高校段階では5.7時間に増えており，母語と漢語の時間数は逆転しているのであ

表8−1　1955年のモンゴル族中学校・高等学校カリキュラム表

(時間／週)

学科＼学年	中学校			高校		
	第1学年	第2学年	第3学年	第1学年	第2学年	第3学年
モンゴル語	4	4	4	3	3	3
モンゴル語文法	4	4	2	2	2	2
漢語	4	4	4	5	6	6

出所：韓達主編『中国少数民族教育史』雲南出版社，1998年，120頁を参考に作成。

表8−2　1964〜1965年度のモンゴル族中学校・高等学校のカリキュラム表

(時間／週)

学科＼学年	中学校			高校		
	1学年	2学年	3学年	1学年	2学年	3学年
モンゴル語読解	4	4	4	3	3	3
モンゴル語作文	2	2	2	2	2	2
漢語読解	4	4	4	4	4	4
漢語作文	2	2	2	2	2	2

出所：表8−1と同。

る。

　1963年5月2日，内モンゴル自治区教育庁「モンゴル族小中学校のモンゴル語・漢語の進級進学試験の方法（草案）」についての通知が出され[25]，新たに中学校・高等学校のカリキュラム（表8−2）を定め，漢語教育重視は一層強まった。

　さらに，モンゴル語の授業時間を2つの表で比べてみると，3年間の授業時間数の合計は中学校では22から18，高校では17から15まで減り，一方漢語の授業時間は逆に増加している（中学校が12→18，高校が17→18）。さらに，1964年になると，モンゴル語で受けるクラス，漢語で受けるクラスが作られ，漢語教育がさらに一層重視されるようになった。

　2000年4月26日，内モンゴル自治区における大学入学試験制度「3＋X」[26]

表8-3 2008～2009年度内モンゴル自治区モンゴル民族学校カリキュラム表

(時間／週)

		小学校			中学校			高校		
		2年	3年	6年	1年	2年	3年	1年	2年	3年
漢語	国家基準	3	4	4	4	4	4	4	4	4
	自治区基準	3	4	4	4	4	4	3	3	3
	旗基準	2	2	4	4	5	5	3	3	3
モンゴル語	自治区基準	9	6	6	4	4	4	3	3	3
	旗基準	5	5	4	4	4	4	2	2	2
外国語	国家基準		3	3	4	4	4	4	4	4
	自治区基準		2	2	4	4	4	4	4	4
	旗基準		3	3	4	4	4	4	4	4

出所：内モンゴル自治区教育庁モンゴル語で授業を受ける小中学校カリキュラム設置表と烏拉特中旗のモンゴル民族小，中，高校のカリキュラム表を参考に作成。

注：小学校4，5年生の1週間の授業時間は6年生と同じであるため省略した。国家基準は必須，それに加えて自治区基準，旗基準についてはいずれかを選択して週の授業時数にするという制度。

改革が行われた。これにより，2004年からは民族学校で学んだ者に対して「中国少数民族漢語レベル等級試験（MHK）」が課されることになり[27]，その点数が入学試験の点数の一部に組み入れられることになった[28]。またこれにより民族学校卒業者にとっては，大学進学が一層厳しいものとなった。そしてこの制度に適応するため，内モンゴル自治区教育庁は，新たな2008～2009年度内モンゴル自治区モンゴル民族学校カリキュラム（表8-3）を決定した。

なお，内モンゴル自治区では，1999年の秋から外国語（英語）教育が導入された。その結果，民族学校に通うモンゴル民族の生徒は母語（モンゴル語），漢語，外国語と漢族生徒より一つ多くの言語を学ぶ必要が生じた。モンゴル族の保護者にとっては，このことで民族学校に通わせることが子どもの負担になると考え，後の民族学校ばなれの原因の一つともなったのである。

第3節　内モンゴル自治区における民族教育の実態

1　モンゴル民族学校教育の衰退

　中国内においては、「中国人」という概念は、1980年代に入ってから広がったむしろ新しい概念である。しかし急速に進むグローバル化の中で、中国人という概念は今日では定着してきており、少数民族が自民族としてのアイデンティティを保持していくことは、より一層困難な状況が生まれている。

　内モンゴル自治区におけるモンゴル民族の生活は、長年続いてきた純粋な遊牧生活から、1970年代末頃の定住放牧政策(29)の中で、半牧半農、農業生活へと移り、2000年の「禁牧政策」以降は急速に都会生活へと変わることを余儀なくされている。

　モンゴル族の定住や、都市への移動を受けて、学校の統廃合が進められた。まず、1970年代末に「ガチャ」（村）の民族学校を廃して「ソム」（郡）に統合し、2000年7月からは「ソム」の学校も廃校となり「旗」（市）に学校を統合させた。その結果2002年には、全自治区の民族小学校数は1626校、中学校数は341校となった。1979年の小学校数4387校と中学校数501校と比べてみると、小学校数は2761校減って（63％減）3分の1になり、中学校数も160校減って（32％減）3分の2となった。1996年にはモンゴル族の小中学生に該当する子どもの数は79万1895人、そのうち民族学校に通う生徒数は48万8599(30)（61.7％）であったが、2004年になると該当する子どもの数は72万1266人となり、民族学校に通う生徒数は28万4900（39.3％）人と大幅に減った。(31)(32)

　一方、内モンゴル自治区が設立された1947年から2010年時点に至るまでの、当自治区における漢民族人口の増加は第6章の第2節で述べたように、3回にわたる移民の受け入れにより、内モンゴル自治区の2476万人の8割以上を漢族が占めることになった。(33)

　少数民族地域において漢民族の移住が急増すれば、漢語の上手なモンゴル人あるいは漢族が少数民族地域の幹部として養成される。このことは、少数

民族の言語，文化及び風俗習慣を喪失させる大きな原因となった。内モンゴルにおける漢民族の大量移住は，内モンゴルの民族教育に大きな影響を及ぼさざるを得なかった。以上のような状況を踏まえて，歴史学者の宮脇淳子は「内モンゴル自治区とは名前のみで，モンゴル族の自治などどこにもない」とまで述べている[34]。

また1985年から身分証の移動が簡便になり，さらにまた2000年の「西部大開発」政策により，8割以上を漢族が占める現在では，漢語が話せないと生活しづらい状態となっている。こういった状態を受け，漢民族社会へ適用するために，わが子を普通学校に通わせるモンゴル族の親も増え，このことも民族学校に通う子どもたちの大幅な減少をもたらす原因となっている。

2　モンゴル民族学校教育

中国におけるそれ以前の問題として，モンゴル民族学校に通っている生徒たちの多くは，もともと放牧地帯で育っており，漢文化中心の教科書の内容は，生徒たちの生活の中にないものが例として挙げられていることが多く，そのことがモンゴル族の生徒にとって深刻な「文化の中断」そのものとなっており，学力不振の隠れた要因ともなっている。それにもかかわらず，漢族の教師はもとより，モンゴル族の教師までもが，そういった要素に目を向けることなく，モンゴル族生徒の学力不振を指して，モンゴル族の子どもは「IQが低い」などと考えてしまっている傾向がある。

以下教科ごとにみていこう。

（1）徳　育

徳育に関しては，1982年5月19日国家教育部は「全日制5年制小学校思想道徳課程プログラム」を策定し，これを理論的根拠として幼い頃から子どもに社会主義の正しさを教え，社会主義の「担い手」（接班人）としての意識を育てることを目指した。すなわち，思想道徳教育の目的は，1949年の革命政府樹立以降一貫して社会主義精神文化を育て，共産党の教育方針を貫徹させ

第8章　民族学校教育とアイデンティティの形成

図8-1　「偉大な祖先」

出所：「徳育」の教科書より。
モンゴル語の説明：「中華民族5000年の長い歴史の流れの中で，中華民族は独自の素晴らしい文化を創造してきた。その歴史の中に時代により中華文化を代表する人物が輩出している。中国における何千年の歴史の中で中国人の精神意識，文化に誰の影響が一番大きいかという質問には，誰も孔子を思い出す。2000年以来孔子は人々に聖人として崇められてきた。世界中からも人類文化の偉人として尊敬されている」。

ることにあり，思想道徳は小学生に対しても社会主義思想を啓蒙するための重要な教科であると位置づけられている。

　一方，1992年10月20日中央政府は，「民族教育を発展させる指導綱要」（国務院決定）を発表し，「90年代の我が国の民族教育事業を発展させる目標，方針，任務」の中で，中国は「統一多民族国家」であることを強調した[35]。しかし，思想道徳（品徳）教育など，礼儀・価値観といったアイデンティティ形成に大きく影響を与える教育においては，「上の命令を遵守し逆らわない」など，「君臣の道」における漢民族の文化である儒教思想道徳に基づく「中国的社会主義思想道徳」が柱をなしている。これは，モンゴル民族の自由な民族意識の育成を妨げるものとなっている。

　また社会主義教育の名の下に，「統一」的な中国国民育成に向けた教育がなされている。さらには，「中華民族には5000年の文明史がある」，中国にお

第Ⅲ部　内モンゴル自治区における民族学校の教育

図8－2　教科書の歴史上の天皇

出所:「品徳与社会」2007年（5年, 下册）。

ける55の少数民族は全て「炎黄の末裔」であるとも唱えている。モンゴル民族学校で採用されている教科書『思想政治』においても，中国の四大著書の登場人物の物語を例として多く取りあげているなど（図8－1），少数民族の伝統文化は漢族の文化にとって代わられ，さらには「孔子もモンゴル民族の偉大な祖先になる」といった記述まであり，モンゴル民族の精神的な誇り，シンボルである「チンギス・ハーン」の話はあまり取り上げられていないことは教科書内容から分かる（図8－2）。少数民族の歴史・伝統文化は大きくゆがめられて教えられ，漢族が少数民族よりすぐれているという誤解を与えかねない。

　これらのことは，モンゴル族の子どもや若者に，自らのアイデンティティを形成するうえで思い悩ませ，自己不全に陥らせる原因ともなっているのである。

（2）国語（母語・モンゴル語）

　小学校の母語教育は，個々人に応じた全人格的成長を目指し，生涯にわたる学習生活と労働作業の基礎を培うものとされている。指導の過程では，子

どもに対して国家・民族への愛情，社会主義の思想と道徳，科学的な思考方法を培い，子どもの創造力・審美観を陶冶し，健全な個性を高め，良好な人間を形成することが目的とされている[39]。

しかし小中学校の国語（モンゴル語）の教科書の記述内容では，モンゴル民族の文化的背景およびモンゴル族児童の実生活からはかけ離れた漢民族の歴史に関する項目数が相当に上り，モンゴル族の文化についての学びが軽視されているといわざるを得ない。モンゴル民族の児童に，唐朝の詩人李白，李紳などの詩歌を暗誦させることはあっても，競馬やモンゴル相撲が取りあげられることは少ない。唯一母語で書かれた国語の教科書でさえ，このような児童の日常生活との間に大きな隔たりがある教材では，モンゴル族の児童の興味を引き出すことは困難であり，モンゴル族児童に民族の一員としての健全な個の確立を支援する教材としては不充分といわざるを得ない。

(3) 社 会

社会科の教育目的は，子どもに社会生活と現状についての理解を図り，故郷・祖国・世界の常識・基礎を教えることとある。すなわち，幼い頃から物事を正しく捉え，社会に対する理解を培い，社会生活に適応できる基本的能力を育成するものとされ[40]，愛国主義の教育と啓蒙の教育を行い，彼らの社会に対する責任感を養うと定められている。

しかし，教科書の内容としてモンゴル民族の今日の苦しい生活状況や，「禁牧政策」などの生活の変化に関する記述は見あたらない。モンゴル民族の伝統文化を身につけ，継承していくことができるような内容の拡充と併せて，モンゴル民族のおかれた現状を紹介することも重要であろう。

(4) 歴 史

子どもに対して社会発展の法則を教え，中学校の歴史においては，彼らに正しい歴史認識の基本を育むことを目的としている。そして子どもに対する愛国心の教育，社会主義の教育，国勢の教育，革命伝統および民族団結の教

図8-3　シャガイを入れる袋　　図8-4　シャガイ（羊やヤギの骨）

筆者撮影。　　　　　　　　　　　同，図8-3。

育を行い，中華民族の秀でた文化的伝統を継続発展させ，自民族を尊重する感情と信念を培い，祖国の社会主義建設のために歴史的な責任感をもって献身することを目標としている(42)。

このように，歴史のカリキュラムにおいても，イデオロギー的「思想道徳教育」を重視して決定されたものであることが見てとれる。また，それぞれの自民族を尊重する感情と信念を培うと謳いながら，教科書においては少数民族に対する民族差別があることがはっきり分かる。すなわち少数民族の名前を記録した漢字には，「女」，「犭」などの偏を使い，野蛮，遅れなどの意味を込め，中原地域を侵略した歴史が語られているのである。少数民族の歴史は，漢民族の歴史の中では敵人史であり，少数民族を輝かしく語る歴史教科書は，小学校から大学までのものを見てもほとんどないのが実状である。

（5）課外活動

寄宿生活をしている生徒たちの遊び時間は，土・日曜日以外では，昼食後から午後の授業開始まで，夕食後から夜の自習開始までである。子どもたちの伝統的な遊びは，シャガイ（羊やヤギのくるぶしでつくられた玩具。日本のおはじきと同じ遊び方のルールもある）（図8-3，8-4），モンゴル相撲，羊と狼（羊の群れを守るという遊び）などである。それ以外では，授業で学んだサッ

カー，バスケットボールなどで遊ぶ。しかし，最近では，内モンゴル自治区でも子どもたちが電子ゲームに興味をもち，伝統的なゲームで遊ぶことは少なくなってきている。

学校（小学校から大学まで）では課外活動として，少先隊（中国共産主義青年団，中国共産党）の指導を受ける。小学校入学後志願した子どもの中から，学業・生活態度ともに優秀と認められた子どもが入隊を許可され，隊員は「紅領巾」と呼ばれる赤いネッカチーフをつける。その他，幼い頃から社会主義を正しく理解するために，課外活動において中国共産党と社会主義を賞賛した映画を定期的に見せられるのである。

以上，（1）から（5）で見てきた具体的教育内容は，革命後のモンゴル人に大きな影響を与え，1947年の内モンゴル自治区成立から60年の間に，モンゴル民族（人）は，「モンゴル人」というより「中国人」という意識を強くもつ人たちが増えてきている。とりわけ近年では，その変化は加速しており，内モンゴル自治区教育庁の統計によると，1996年の少数民族の子弟が自分の民族言語で教育を受けている率は61.7%であったが，わずか8年後の2004年には39.3%となっている。

4章で述べたように筆者が，2005年から2006年にかけて行った「民族意識に関する実態調査」の結果によると，モンゴル語で教育を受けている大学生の10.9%と大学院生の21.4%が，「子どもを民族学校に入れることは子どもの将来のためにならないと思いますか？」という質問に「はい」と回答している。「チンギス・ハーンの肖像画を家に飾っていますか？」という質問に，「飾っている」は66.9%，「飾っていない」は32.1%と回答している。「民族衣装は祭り，結婚式に着ますか？」という質問に対して，「着る」と答えた人は48.1%にとどまっている状況である。

3　モンゴル民族教育を受けた者たちの現状

文化大革命以降しばらくの間，国務院が少数民族地域における民族教育に

力を入れたことは事実である。内モンゴル自治区においては，モンゴル語で教育を受ける学校は師範系の学校に多いが，師範専門学校も次々と復活させ，他の専門学校には民族コースと民族予科コースが設けられた。そして近年までは，地域の幹部（行政官）を採用するときには，これらの学校の卒業生の中から，成績・人格が優秀で，漢語とモンゴル語両方堪能な教師が選ばれ，就職機会も広がっていた。

　しかし，2000年から始まった「禁牧政策」の下，放牧に従事している人々の多くが「生態移民」として町に定住し，民族学校がこれまでの1村1学校から，1鎮（町）1校へと学校数が減少し，ソム（郡）の合併などの政策が実施された結果，多くの教員が失業するという事態が起こっている。

　先述したように，内モンゴル自治区の8割以上は漢族であり，漢語ができないと日常生活にも困るようになっている。またこれまでの漢語とモンゴル語による公文書作成の規定が改められ，漢語のみによる作成も許容されるようになった。その結果，内モンゴル自治区に新たに進出した会社の一部には，社員を募集する時に「モンゴル語で教育を受けた者は除く」という条件をつけているものもある。ここでもまた，民族教育を受けた若者が就職する上で不利になるような状況が生じている。

　以上，様々な要因により，たとえ義務教育だけではなく大学まで進学しても，民族教育を受けたモンゴル族の若者は，より一層就職するのが難しくなっており，かといって自民族の地域社会は実質上縮小してしまったゆえに，故郷の伝統社会に戻ることも困難となっている。こういった中で，「自分は何者なのか」「何を糧に人生を生きたらよいのか分からない」という，アイデンティティの危機に陥ってしまっているモンゴル族の若者が増えているのが現状である。

注

(1) 小長谷有紀・シンジルト・長尾正儀『中国の環境政策 生態移民』昭和堂，2005年，18頁。

(2) 烏力更「中国内モンゴル自治区における民族教育——生徒たちの寄宿生活」『佛教大学教育学部学会紀要』第8号，2009年，151頁。

(3) 筆者が，2005年12月28日から2006年1月10日にかけて，内モンゴル自治区にある全自治区の範囲から学生募集をしている二つの大学と短大の学生・院生，烏特中旗蒙古族中学（初三，初四，高等学校の全員）の生徒と社会人に対して「民族意識に関する実態調査」を実施。調査は500人を抽出し，399人から回答を得た（回答率79.8％）。

(4) 滕星・楊紅「西方低学業成就帰因理論的本土化闡釈——山区拉祜族教育人類学田野工作」『広西民族学院』（哲学社会科学版），2004年（第3期），15頁。

(5) 樊秀麗「文化の中断・断裂——中国における多文化教育の現状について」『日中教育学対話Ⅲ』春風社，2010年，261頁。

(6) トクタホ「内モンゴル自治区における教育問題の源流——清朝末期以降の民族政策との関連において」『国際教育』第15号，2009年，47頁。

(7) 『内蒙古民族教育工作手冊』内蒙古教育出版，2004年，45頁。

(8) 夏鋳・阿布都・吾寿尓編『中国民族教育50年』紅旗出版社，1999年，12頁。

(9) 同(8)，55～56頁。

(10) 同(8)，105頁。

(11) 同(8)，28頁。

(12) 同(8)，161頁。

(13) 同(8)，63頁。「2，3，6，9」の意味は，「2（2000年まで県毎に中学校，郷毎に小学校を80％設立し，適齢児童生徒の入学率80％を達成するという2つの80％），3（牧地域では3年義務教育を普及する），6（農村地域では6年義務教育を普及する），9（主な町には9年義務教育を普及する）」である。

(14) 『中華人民共和国義務教育法』中国法制出版社，2007年，18頁。

(15) 同(8)，6頁。

(16) 同(8)，6～7頁。

(17) 同(8)，7頁。寄宿制度，就学援助金制度を柱とする公立民族小中学校の建設。

(18) 姜英敏「中国の学校教育における基礎教育カリキュラムの改革動向」『比較・国際教育』第12号，2004年，136頁。

(19) 同(7)，95頁。2001年11月19日（教基〔2001〕28号），教育部（文部省）「基礎教育課程実施要綱（試案）」を定めた。

(20) 河原操子『カラチン王妃と私──モンゴル民族の心に生きた女性教師』芙蓉書房，1969年，212頁。学科は読書・算術・地理・歴史・習字・図画・編物・唱歌・体操。読書はモンゴル語・日本語・漢語。

(21) 同(5)，252頁。

(22) 同(7)，190～191頁。

(23) 図門・祝東力『康生与「内人党」冤案』中共中央党校出版社，1996年，135～136頁

(24) 同(23)。1958年に中国で公布された漢語の発音を表記するためのローマ字，またはその音。「漢語拼音方案」に基づき，子音と母音とを表す26個のローマ字によって現代中国語を綴り合わせる。

(25) 同(7)，150～151頁。

(26) 同(7)，194頁。「3＋X」の「3」は，言語・文学，数学，外国語の3科目で，必ず受けなければならない共通科目である。「X」とは共通科目以外の科目で，歴史，地理，政治，物理，化学，生物の6科目及び「総合科目」の中から指定された1科目なし数科目のことである。内モンゴルではモンゴル語で授業を受けた学生たちに対して「3」の言語・文学はモンゴル語になる。外国語は，漢語と外国語である。

(27) 同(7)，198～199頁。

(28) 同(7)，193～194頁。

(29) 「定住放牧政策」とは，中華人民共和国が成立以来，毛沢東（共産党中央）が掲げた「辺境を切り開き，辺境を守る」などのスローガンの下に漢民族の任意的な移動が行われたことを指す。1950年代から，大量の漢民族を内モンゴルに移住させ，水がある良いところに無計画な開墾と開発を行い，大面積の草原を破壊させた。1970年代に入ると，次第に砂漠が広がり多くの貧困者を生み出した。そして内モンゴル自治区の貧困の主な原因であるという指導部の判断で，強制的に遊牧生活を禁止し，定住放牧生活を実施した。

(30) 『内モンゴル自治区教育成就1947～1997』の統計資料，内蒙古教育出版社，1997年，214頁。
(31) 同(30)，43～47頁。
(32) http://www.nmgov.edu.cn/modules/news/article.php?storyid=326　2004年3月26日，内モンゴル教育庁ネット
(33) 内モンゴル自治区2010年第6回中国国情調査（全国人口普査主要数据公報）報告。内モンゴル自治区統計局，2011年5月9日。
(34) 宮脇淳子『モンゴルの歴史——遊牧民の誕生からモンゴル国まで』刀水書房，2002年，258頁。
(35) 同(7)，72頁。
(36) 『思想政治』（下）九年制（9年級）義務教育全日制中学校用モンゴル語版，内蒙古教育出版社，2003年，10頁。
(37) 同(36)，62頁。
(38) 『品徳与社会』義務教育課程標準実験教科書（5年，下冊），内蒙古教育出版社，2007年，66頁。
(39) 『九年義務教育全日制小学校・九年義務教育全日制中学校・全日制高等学校用モンゴル語教学大綱』内蒙古教育出版社，2000年，4～5頁。
(40) 『九年義務教育全日制中学校用　社会教育大綱』内蒙古教育出版社，2000年，1頁。
(41) 辛亥革命を経て，「民族」概念と「国家」概念が成熟するにつれ，「五族共和」（漢・満・蒙・回・蔵による共和）を掲げつつ「中華民族」の形成を唱えた。梁啓超と孫文はともに，「中華民族」を近代「国民国家」の担い手となり得る「国民」概念に匹敵するものとみなしていた。
(42) 『九年義務教育全日制中学校用　歴史教育大綱』内蒙古教育出版社，2000年，2頁。

第9章

中国における思想道徳教育

第1節　思想道徳教育の展開

1　中央政府における思想道徳教育

　新中国における教育制度の変遷をたどるとともに，各段階の教育改革の中に常に強調されている学校教育の各科目だけではなく，政策として日常生活から人々の心を寄せるまでに「思想道徳教育」が浸透している。本章では，その教育政策の目的と結果を詳らかにしたい。

　中国における思想道徳教育，建国以降をめぐる動きは，思想対立が政治闘争化するのと同一歩調を取りながら展開してきた。そのキーワードは「紅と専」[(1)]である。

　「紅」とは，制度的な教育の中でよりも実際の社会経験の中から，「近代的な知」ではなく「階級的立場」あるいは「社会主義的な徳」を獲得することに重点を置く教育を主張する。一方，「専」とは制度的教育の中で，まずは社会主義に貢献できる「知」を獲得することが肝要であると主張する。

　この概念は，政治闘争の中でも政敵に対する格好のレッテル貼りの道具として長期にわたり使用されてきた。とりわけ教育という領域においてこの2つの概念は新鮮に映った。「紅と専」は具体的な事象と共に顕在化したため，人々にとっては他の領域よりも理解しやすいものであった。

　1956年までは，社会主義思想の担い手としてのモデルは絶大であり，教育も例外ではなかった。高等教育でも理系教育を中心とした知識人養成にはじまり，1953年には初等教育に至る，教育制度の青写真が出来上がり，第1回

5ヵ年計画とともに急速な普及を実現した。しかしそうした中にあっても，計画にそぐわない中国の実情に対しては，旧解放区における中国独自の経験を生かしながらの実践も多数あった。その後，ハンガリー事件・「反右派闘争」[2]に続く大躍進政策の中で，さらには毛沢東の「人の力で自然を変える」という指示の下に「意識次第で生産力も変わる」[3]と人々の考え方が大きく変化していった。

　教育も，一時的に大きく「紅」の方に傾いた。そこでは，制度的教育の簡素化を目指し，中等教育までの年数を短縮する案が試行された。それは，教育におけるソ連モデルから中国独自モデルへの転換の試みであった。しかし，大規模な自然災害に見舞われ，さらにそれが人災であるとの政治的批判によって「中国化」は試みの途中で止まり，1960年代初めには一挙に「専」の方へ揺り戻しが起こった。

　毛沢東は欧米資本主義が何百年かけて発展してきた経済を，新中国が数年間の短い間に追いつけると主張した。そしてマルクス・エンゲルス思想に基づき，すべて生産力を国有化し，2000年以上続けてきた封建主義思想を徹底的に破壊し，経験的・精神的に社会主義体制に入ることが必要であるとした。

　1957年後半から1958年にかけて，反右派闘争と並行して行われた社会主義思想教育運動における結果として「人民公社」[4]が成立された。それは，中国が「社会主義社会」に入った証であるとする。1960年から，毛沢東の著作『革命派における促進者になる（做革命的促進派）』をそのまま単行本として印刷し，学校に配分した。そして子どもたちの理解力を考えずに，学校教育では「政治」科目で，教授するようになった（図9－1）。

　毛沢東は，1962年9月に中国共産党8期10中全会で，社会主義思想教育運動の過程についての認識と具体的方針をめぐって階級闘争の拡大化と絶対化を主張し，かつ資本主義復活の危険性があると述べ，社会主義教育を継続すべしと主張した。1963年から1966年春まで，農村では「四清運動」があり，都市では「五反運動」[5]が展開された。すなわち，それが「文化大革命」のきっかけになるのである。

図9-1 「做革命的促進派」の教科書

筆者撮影。

　10年にわたる文化大革命期の中国教育の実態は，荒廃と混乱，また大きな知的世代断絶を招くことになった。
　毛沢東の極左的な思想の拡大により，共産主義思想以外はすべて「牛鬼蛇神」[(6)]であると批判され，人々の考え方を共産主義思想であるマルクス・レーニン・毛沢東思想に変えようとした。5000年の歴史がある漢文化の優れた部分がなくなり，人間より動物的な欲望だけが残り，共産主義唯物論の「階級が滅び，国が滅び，民族が滅びる」[(7)]という理論は少数民族への同化政策の原点となり，それが内モンゴル自治区のモンゴル人にとって悲劇的な状況を生むこととなった。

2　内モンゴル自治区における思想道徳教育

　内モンゴル自治区では，内モンゴルの現状の政策を50年間変えないという協約がなされていたが，これらの運動により，今までの約束と全く違う政策を打ち出され，内モンゴル自治区において信じ難い政策が実施されていく。
　教育現場では知識人，ラマ（寺で教育を受けた人），教師，さらにモンゴル民主共和国への留学経験がある教育者たちが，資本主義を復活させる可能性があると考えられ批判を受け，一部の教師が仕事を剥奪された。中国とソ連・モンゴルとの関係は悪化し，学校では，土地を持っている地主は牧畜主階級

と言われ，子どもは周囲から批判を受け退学させられた。

　中学校の2年生以上の生徒たちは，社会主義教育の実践活動に参加させられ，その教育の下に，内モンゴル中部のシリンゴーラ草原では下記のようなことも起きた。

　一人の年とった女性牧畜民（お婆さん）が一頭の牛を飼って毎日乳搾りをしていた。社会主義教育（工作隊）を行う幹部が，毎日ガチャ（大隊）で開かれている吊し上げ大会の場に，お婆さんを連れていった。吊し上げ大会は，強制的に自分の社会主義教育に対する認識を表明させられる場である。資本主義の痕跡を残しているということで，お婆さんは吊し上げられた。反省の意思を表明しなければもっと酷い目に遭うからと，お婆さんはその日の内に資本主義の「尻尾」を探し，その尻尾を見つけたのである。次の日に，毎日乳搾りをする牛の尻尾を切り落とし，それを吊し上げ大会に持って行った。お婆さんは切った尻尾を出し，私は今日，資本主義の尻尾を切って来たと言った。

　この運動の重点は，党内の資本主義の道を歩む実権派を一掃することであると規定し，階級闘争から，文化大革命への道が開かれていったのである。

　1966年5月に発表された毛沢東の「五・七指示」は「学制は短縮すべきであり，教育は改革すべきである」と述べ，また8月の「プロレタリア文化大革命に関する決定」も「古い教育制度を改革し，古い教学方針と方法を改革することはこのプロレタリア文化大革命の，きわめて重要な任務の一つである」と教育革命を文革の具体的目標の一つに掲げていた。その結果「五・七指示」の下に「五・七」幹部学校が創られ，幹部・学生を強制的労働に参加させた（図9-2）。それが社会主義教育を受ける近道であると考え，内モンゴルの教育は質的な変化をもたらし，「内人党」事件にまで発展した。

　文化大革命開始と同時に全国の学校のほとんどが閉鎖され，生徒・学生は「紅衛兵運動」に参加した。その後学校の再開が命じられたが，紅衛兵は闘争を続け全国都市から農村，牧区地域の牧民のゲル，羊の群れにまで文化大革命の運動が行われた。

第9章　中国における思想道徳教育

図9-2　労働に参加する「五・七」幹部学校の学生

出所：百度図片〔2345看図王 JPC 図片文件（2012年10月15日）〕

　1960年代に河北，山西，山東などの省から多数の人が内モンゴルに移民として侵入してきた。その「盲流」、「内モンゴルの建設兵団」と「上山下郷」知識青年が，文革当時「内人党」事件・挖粛運動の中堅分子になった。運動が始まると，中華人民共和国政府から内モンゴルの東三盟（内モンゴル自治区の東地域，中国東三省になる遼寧・吉林・黒龍江省とつながっている地域）を中国の東三省に組み入れた。後に，内モンゴルの軍隊を指揮する権限を奪うために，1968年には，第1回目の大隊・団の幹部625人を配置し，第2回は大隊・団・師団の幹部200人を配置して，内モンゴルの「内人党」事件・挖粛運動の「軍管」指導者になってやりたい放題の悪事を働いた。[9]

　学校は反革命分子「牛鬼蛇神」を詰問する場所になって，学生たちが吊し上げの作文と漫画を作り，自分が社会主義文化革命運動にどれだけ熱意を持ってやっているかその気持ちを表現し，それに賛同しなければ同じ「牛鬼蛇神」と言われ批判された。昼には手に『毛沢東（毛主席）語録』[10]（図9-3）を持ち，「造反有理」とスローガンを叫びながらパレードをし，あちこちに行って伝統文化の寺院や建物を破壊し，図書を焚焼し，モンゴル牧民たちの家畜から基礎生活必要品，女性の飾品頭帯までを奪った。その結果反発する

図9-3 毛主席語録

人は、「反革命分子」として捕われ、拷問された。指導者たちは夜には毛沢東の『老三篇』『老五篇』(11)の学習を強要し、深夜まで会議を開き、「反革命分子」に対して強い平手打ちを行い、「熱心招待、冷静考慮」の烙印を押す、頭に釘を打つ、舌を切る、強姦する、肛門に空気を入れる、鋼鞭を打って破れたところに塩を塗る、親子に性交を強制するなどの170種類以上の拷問をし(12)、罪状を白状させた。深夜には反革命分子たちの「牛鬼蛇神」として殴られる悲痛な声が聞こえることになった。

内モンゴル自治区では「206」案件から「内人党」(13)が残存するとの理由で、残酷な民族大虐殺、漢化統一政策を強行した。毛沢東の「権利を奪え」(14)という疑惑をかけられ、モンゴル族階層の指導者から普通の民族意識が高い牧民までが被害を受けた。

第2節　全日制五年制小学校のプログラム

中国における思想道徳教育に関しては、1982年5月19日国家教育部が「全日制五年制小学校思想道徳課程プログラム」を発表した。「教育目的・教育内容と要点・各学年の学習内容・教育上注意すべきこと」(15)という4つの内容からできている。実は、中国における思想道徳教育は、「紅と専」の闘争を経て、社会主義教育から「文化大革命」下の、共産主義唯物論で人々の心をコントロールしたが、少数民族を同化する計画上「文化大革命」の混乱により失敗で終わっている。その経験から、現代では思想道徳教育において基盤となる理論が変わるはずだが未だに変わらず、子どもは幼い頃から毎日社会主義理論で洗脳され、社会主義の担い手になるようその意識を植付けようとしている。その結果、子どもの自由な発達・意識形成の成長が妨げられている。

思想道徳教育で注意すべきことは，「6年制は自治区・県・市によって制度が違うため，原則思想教育内容は変わらず」である。それにもかかわらず，全国56の民族に同じ基準で思想道徳教育を受けさせることになっている。それは道徳・礼儀・価値観といったアイデンティティ形成に大きく影響を与えているのである。中国における「国家・国民」教育が，思想道徳教育を通じて，共産主義唯物論の下に，「統一」あるいは「同化」を望んでいるあらわれであろう。

　以下，そのプログラムの目的と教育内容を紹介する。

　教育目的は次のとおりである。

　道徳課程教育は社会主義精神文明を育て，共産党の教育方針を貫徹させる。小学生に対して共産主義思想を啓蒙するための重要な課程目の一つであり，この課目の教育目的は小学生が初歩的共産主義の道徳と良好な生活習慣，理想・道徳・文化を持ち，規律を守る労働者になるため，そして，彼らを共産主義の大義の基に後継者に育てるための思想の基礎を構築することである，と述べている。

　また，プログラムの教育内容と要点思想は，道徳課目の「五愛」を基本内容として，そのうえで『小学生規則』と結び付けて貫徹させ，小学生に対して社会主義国家の一員として，あるべき道徳心と行為規範を身に付ける教育であるとの考えに基づく。小学生の間に愛国主義，集体（集団）主義精神と責任感を育てることが重要である。具体的内容としては，人民を愛し，祖国を愛し，党を愛し，労働を愛し，勤勉であり，公共財産を守り，規律を守り，礼儀正しく，誠実謙虚に，勇敢活発に，質素倹約を挙げている。

① 「人民を愛する」ことについて

　工人，農民，解放軍戦士，知的階級者と他の労働者すべては人民である。小学生の「愛人民」は教師を尊敬し，同級生と仲良くし，親を大切にすることから始まる。中国の人民は勤勉で勇敢であり，聡明かつ，豊かな創造力と革命の伝統を持っている。英雄的模範人物から学ぶように，と雷鋒（1940〜

1962，中国の英雄的模範人物である）をとり上げ，高齢者を尊敬し子どもを愛する彼の精神（雪鋒精神というのは中国で創られたボランティア精神である）を学び，助け合い・思いやりのある人間に育つように勧めている。それは人を助けることは自分の生きがいであるという精神を広めるためである。子どものときから，目上の人を尊敬し，同級生と仲良くし，人民の利益を一番大切にして，全身全霊で人民のために尽力するという精神確立を提唱している。

②　『祖国を愛する』ことについて

教科書では，中国は統一多民族の国であり，国の名称，首都，国旗，国章，国歌，建国記念日を教えること，また，各民族の人民・児童が団結し，仲良くするような教育をしなければならないと定めている。中国は土地が広く，資源が豊かであり，悠久の歴史と輝かしい文化を持つ国だと教えている。また，故郷や祖国は愛すべき対象であり，台湾省は祖国の一部で，絶対に祖国を統一するという大業を完成させなければならない。

侵略者を阻止し，祖国を防衛すること。中国人民解放軍は，祖国を守る堅強な防衛者であるとし，解放軍を愛すべきだとしている。また国家は人民のものであり，人民は国家の主人公であり，人民代表は人民によって選ばれた者であり，人民政府は人民のために働く者であると位置付けている。そして社会主義祖国を建設し防衛することは人民の責任であるとしている。

児童少年も国家の未来の主人公であるとし，社会主義祖国を建設する大事な責任を持っているため，子どものころから良く勉強し，体を鍛錬し，社会主義国を建設防衛のために貢献するという志を持たせようとしている。一方で，各国の人民や子どもたちの友好と団結を図ることも勧めている。

③　『中国共産党を愛する』ことについて

党旗，党の記念日と生誕地，また党と国家を創建し指導した毛沢東などのことを教えている。党と国家を創建し指導した毛沢東らの無産階級革命家について知ると共に，彼ら領袖たちの集団指導を理解させようとしている。中国共産党は中国人民の利益のために存在し，共産党がなければ新中国はなく，共産党が中国の各民族を指導して，社会主義のもとに現代化された強国をつ

くっており，党の最終の目標は共産主義の実現であると教えている。党も子どもたちを温かく見守っていると教え，子どもたちには幼いころから党を愛し，党の話を聞き，共産主義のために奮闘する準備をするようにと勧めている。

④ 『労働を愛する』ことについて

労働は富を生むため，その価値は高い。そして労働には貴賤がなく，平凡な労働と農業労動を愛するようにと勧めている。労働を栄誉，怠惰は恥とし，自分でできることは自分で行い，できる範囲の家事，公益労働，生産労働に対して，積極的に参加するようにとも勧めている。また，勤労が社会主義のもとに実現化された強国をつくる，幸福な生活は全民の勤労によってつくられるのだと述べている。

⑤ 『科学を愛する』ことについて

科学技術は4つの実現化への鍵であるとし，小学生たちには，科学を愛し，科学を学び，科学を使うようにとしている。科学者や優れた技術者の精神を学び，観察を愛し，研究を愛し，実験に興味を持ち，何故？　どうして？　という疑問を持つ習慣を大切に育てることを唱している。また，大自然を愛し，有益動物を愛し，緑化活動に積極的に参加させるように，さらにまた，科学を信じ，迷信に左右されないようにと勧めている。

⑥ 『社会主義を愛する』ことについて

中国は偉大な社会主義国家であり，それは先輩の流血と犠牲と長期にわたる奮闘によって獲得したものであり，容易に実現したものではないことを教え，社会主義制度は優れている，社会主義の祖国は前進している，と教えている。また，搾取階級が消滅した後も，階級闘争は一定範囲に長期に存在するとし，社会主義事業に反対する人，破壊する人，敵視する人を許してはいけないとも伝えている。

⑦ 『勤勉に勉強する』ことについて

4つの実現化のため，具体的には高度民主と高度文明的社会主義強国のために勉強することを推奨している。自主的かつ積極的に学習し，真面目に努

力し，常に考え，謙虚に問いかける学習態度，よく学習する習慣を身に付けさせ，時間を大切にして，各教科の勉強に励むようにと述べている。

⑧ 『集団を愛する』ことについて

学校，学級，隊組織は全部集団であり，集団の力は大きなものである。その上で，集団は力，集団の中では団結と友情が必要で，お互いに助け合い，共に進歩し，嫉妬せず，利己主義を否定するように，と教えている。また，個人は集団の一員であるため，集団に気を配り，集団に良い事を提供し，集団の名誉を守ること。集団においては民主的に話し合い，問題があればみんなで相談し，個人は集団に従い，少数は多数に従い，部分は全体に従うように，とも教えている。

⑨ 『公益物を大事にする』ことについて

共同施設は国家と集団のもので，みんなで丁寧に守らねばならず，共同施設を守る人を手本とし，それを目指すように，また，公益物を無駄に使ったり壊したときには注意をうながし，批判させるようにと書いている。

⑩ 『絶対守らなければならない規則』について

集団生活には規則がなければならず，子どものときから規則を守る良い習慣を身に付けさせる。学校の規則，公益秩序，交通規則を守り，安全には注意する。また国にも法律があり，法律は皆が絶対守らねばならず，違法な犯罪は裁判を受けねばならないことであるとする。

⑪ 『文明礼儀』について

積極的にマナー（文明礼儀）活動に参加させ，礼儀や衛生を大切にすることは文明行為である。また，暴力を振るわず，暴言をはかず，他人を尊敬し，礼儀正しくし，個人の使うものも綺麗に，共同施設も綺麗に使い，清潔にする習慣を身に付けさせるように勧めている。

⑫ 『誠実・謙虚であること』について

誠実を美徳の一つとし，嘘をつかないように，信用される人になるように，自分の間違いを隠さないように，共同施設や他人のものを勝手に使ったりしないように，拾ったお金を自分のものにしないように，と細かく具体的に教

えている。また，謙虚さは人を進歩させ，傲慢さは人を落伍させ，他人の長所を学び，自分の欠点を克服し，批判と評価に対して正確に捉える人になるようにと教えている。

⑬ 『勇敢で活発』であることについて

何が勇敢な行為かを教えている。困難を恐れず立ち向かう人，正しい言行に勇敢に賛成する人，よくない言行には勇敢に反対する人，活発で明るい人，向上心がある人になることを奨励している。また積極的に文化体育活動に参加し，健全な意識を育てさせようとしている。

⑭ 『艱苦素朴』について

艱苦素朴は苦しいことにも耐えて素質にふるまうことで，中国労働人民の良い性質とされている。節約は良いこと，無駄使いは恥であるとしている。生活は質素であるように勧め，虚栄を求めず，食や衣服を選ばず，お金を無駄使いせず，勉強道具や生活用品は大切に使うように，また美しさと醜さの善悪を区別する力を育てさせ，悪い影響を受けないようにと述べている。

第3節　生徒たちへの思想道徳教育の実施状況

先の「全日制五年制小学校思想道徳課程プログラム」が認定され，小学校教育カリキュラムの制定を行った。2001年には「基礎教育課程実施要綱（試案）」と義務教育段階の18科目の標準課程を公表し，思想道徳教育が義務教育段階における科目率の7～9％を占めると定めている[16]。2006年の中華人民共和国義務教育新法中の第3条にも，国家の教育方針は社会主義の担い手を育てる教育であるとしている。小学校は週に2時間の課目，中学校は3時間の課目として行っている。また思想道徳教育は，学校教育だけではなく，生徒たちの日々の生活・活動にも浸透している。

1　学校教育における教科書

第8章の第3節に述べたように，小学校における『国語教育大綱』（モン

ゴル語）の中に「国家・民族への愛情，社会主義の思想と道徳，科学的な思想方法を培」うことを求めている。

「社会科目」においては，『社会教育大綱』から勘案すると，愛国主義の教育と啓蒙を行い，子どもらの社会に対する責任感を養うことを目指している。

「歴史」においては，子どもらに正しい歴史認識の初歩を育成する。そして彼らに対する愛国心の教育，社会主義の教育，国の教育，革命伝統の教育および民族団結等の教育を行い，中華民族の秀でた文化的伝統を継続発展させ，自民族を尊重する感情と信念を培い，社会主義祖国のために献身する歴史的な責任感をもたせることを目標としている。

中国における思想道徳教育は上記のように，各科目に浸透している。そして，思想道徳教育科目率の7～9％に，歴史・社会科目率の3～4％，母語（漢語）科目率の20～22％と課外活動・愛国教育などの内容を加えると，ほとんどは思想道徳教育になる。それが，毛沢東の『三好生』における，「徳・知・体」を全面的に発展させようという考え方である。

「徳」をトップに置いているのは社会主義における「徳」で，子どもの心まで陶冶する人間の営みを目指したことによる。

学校教育では，学ぶことは知識の習得が最終目的ではなく，知は徳のため，その知識の習得という行為を通して，人間を陶冶し，収斂することにこそ真の目的があり，人が人としての人倫を会得し善く生きるためである。しかし，中国における思想道徳では「教育は，人間が人間を人間にまで陶冶する人間の営みである」という教育の本道を踏み誤るものである。

2 生徒たちの集団生活

中国では校長の責任で学校が運営されている。しかし，思想道徳教育は共産党代表（書記）の指導を受け，政治教育副校長は，すべての生徒と先生の思想道徳を指導しながら，政治教育科の正副政治教育主任，小学校は少先隊（中国共産主義青年団，中国共産党）指導部，中学校は中国青年団の団支部長と協力して生徒たちの規律，礼儀を指導する。生徒たちの校内外の政治活動を

第9章　中国における思想道徳教育

図9-4　国旗を揚げる儀式

筆者が以前勤めていたモンゴル族中学校（筆者撮影）

組織し，ボランティア活動を行う。学校で子どもたちは，小学校から大学まで授業以外の課外活動で少先隊の指導を受ける。

少先隊は児童の大衆組織である。革命的伝統の教育や社会活動，各種サークル活動などを通じて共産主義の後継者を育てることが目的とされる。小学校入学以後，生徒が志願し，学業・生活態度ともに優秀と認められた者が入隊を許可され，隊員は「紅領巾」と呼ばれる赤いネッカチーフをつける。

毎週月曜日の朝，体操の時間には国旗を揚げる儀式が行われ（図9-4），子どもたちに中国共産党と社会主義を守り，その後継者を目指し一生懸命頑張るというように宣誓させる。それは子どもたちに愛国心を植え付ける重要な行事であり，国旗を揚げることによって子どもが志を立てる人になると位置づけている。

幼稚園入園式（図9-5）から子どもたちは国旗を手に持ち，社会主義思想の教育を受け始める。

図9-5　モンゴル民族幼稚園入園儀式

内モンゴル自治区烏拉特中旗のモンゴル民族幼稚園入園儀式で国旗を手に持ち振っている子どもたち（筆者撮影）。

第4節　思想道徳教育と社会生活

　学校教育では，共産主義思想道徳を提唱しているが，社会生活と合わないのは事実である。10年にわたる文化大革命期を経験した中国人にとって，国際主義，人民大衆への無償の献身，不撓不屈の革命精神は無に期し，生活水準の低下・人間関係が悪化し，当時の中国人は不安定な精神状態に陥った。

　1970年末より，「開放改革」政策の下に生産力が私有化になり，さらには旧ソ連の崩壊により人々の考え方が変わり，共産主義思想が中国人の心からどんどん消失し，「拝金」・「賄賂」・「人脈縁故」が話題になり，それが今日の中国社会の現状である。

　しかし，「思想道徳教育」の中で特に力を入れているのは「愛国教育」である。子どもたちが幼い頃から社会主義の影響を受けるように，課外活動に

おいて中国共産党と社会主義を賞賛した映画を定期的にみせる。

そこでは，たとえば抗日戦争時期における中国の子どもが巧みに敵と戦った事例を，ストーリー仕立てで愛国教育に活用している。とくに有名なのは，「鶏毛信」(鶏の毛を付けた手紙)「王二小放牛」などがある。それは子どもが勇敢で巧みに敵と戦い，八路軍の秘密を守り，村の人々が敵から酷い目に合わないように活躍した事例として人々に讃えられ，後に小中学校思想道徳教育の教科書に載るようになった。子どもの読物としても有名な作品である。今日では愛国教育のテーマになり，ドラマ化もされている。

当時の状況を考えれば，子どもが敵人を騙し，八路軍の秘密を守り，村の人々が救われたことは美談だったが，子どもが敵を騙すという意味では今どきの子どもに反面教育になっているとも考えられる。というのは筆者個人の経験から，子どもが自分の目的のために学校では教師を騙し，家では親を騙すような風潮は，今日では一つの社会問題になっている。

日常生活で身につけた文化と，授業内容との間には大きなギャップがあり，それが大きな問題をもたらしている。日常生活の中で誤ったことを，ゆがめた論理で美化する学校教育は嘘をついても良いと教えている，と言っても過言ではないのではなかろうか。

素質教育において伝統文化の内容を適度に取り入れているが，中国の四大著書の登場人物の物語を例として多くあげられるなど，少数民族の伝統文化は漢族の文化によって変質されている。具体的には「共産党の話を聞き，共産主義のために闘う準備をするようにと勧めている」と強調しているのが，実は「上の命令を遵守し逆らわない」など，「君臣の道」(22)における漢民族の文化たる儒教思想道徳に基づく「中国社会主義思想道徳」が柱をなしており，少数民族の自由な民族意識の育成を妨げるものとなっている。

中国における少数民族地域の多くは辺境に位置し，地理的・宗教的・文化的・経済的な制約・影響を受ける中で，学齢前の子どもたちが受ける教育は，家庭や地域社会により長年培ってきた伝統的教育が主であり，民族文化の大きな影響下で子どもたちが育っている現状を軽視している。モンゴル仏教の，

「人間と天地・自然と調和する」という思想が草原におけるモンゴル人の生活の中に大きな影響を与えている。モンゴル仏教では土地（地球）は生物「LOOC」であると考えられている[23]。勝手に土地を掘って発掘すれば、「LOOC」を傷付けると考えている。もし必要不可欠な開発であっても、合理的でなおかつ大切に扱い、供養しなければならない。「LOOC」を汚せばそれが悲しんで震えた時に人間は害を受けると言われているからである。また、モンゴル人は移動して生活するときにはいつも環境を大切にし、かまどの跡も残さずに片付けるようにしている。草原においては、特に自分たちが住む回りの穴によって動物が足を引っ掛かけて怪我をしないように気を付け、常に自然を大事にし、共に生きるという意識を持っている。

しかし、学校教育は義務化だけではなく、学校教育全般における漢民族支配のイデオロギーを貫徹する場となっている。それは、社会主義理論（無神論）に基づいた「思想道徳教育」（政治思想教育）ともいえる。

1947年5月1日に内モンゴル自治区として成立して以来半世紀間、「宗教はアヘンである」というマルクス・レーニンの思想下の「社会主義社会」に入り、その無神論に基づく教育により、「人は天地万物と一体である」というモンゴル人の伝統的な考え方は影響を受けた。

中国の学校教育における「思想道徳教育」の中の「政治思想」の教科書『社会発展史』では、毛沢東が「我が国は土地が広い、資源が豊富で使い切れないほどある」[24]と言ったことを例として取り上げ、その思想の下で教育が行われた。その結果、自然を利用することだけを考え、自然を守り、天地・自然と調和して生きるというモンゴル仏教の教えを無視したため、資源開発、産業、商業、都市開発などのすべてがその悪影響を受け、自然破壊、環境汚染が酷くなった。とくに内モンゴル自治区に入った移民が、土地を耕し、畑を作り、森林を伐採し、略奪のような開発を進めてきた。そして、さらに地下資源の開発を進め、2000年から放牧が禁止された。地元の遊牧民は生活の基盤を失ったにもかかわらず、資源開発の名目で入植した人たちは逆に豊かになった。自然豊かな内モンゴルは今日一変し、砂嵐が海を渡って黄砂とし

て日本にまで飛んで来て，他国の人々の生活にまで害を与えるようになっている現状である。

中国では官僚の汚職問題が酷くなり，社会問題になっている。筆者の調査では，2008年，故郷のガチャ長趙氏（元自治区人民代表）が，牧民の生活援助金・土地売買などの件で受け取った金が，年間140万元（1800万円）を超えたと訴えられたが無罪になり，引き続き上階人民代表になったという事例があった。

また，中国において若者たちの問題が次々に起こり，第7章第1節で述べた「80後・90後」という言葉が，拝金主義・個人主義に落ちていく若者世代の代名詞になっている。

2012年8月20日から9月18日まで，中国の117の都市で「反日運動」があった。それは，半世紀前にあった「文化大革命」の「打つ・壊す・焼く」やり方とあまり変わっておらず，この半世紀にわたり行われた社会主義教育は正しかったのか疑問に思わざるを得ない。

上記のように，ゆがめられた理論の下に進められた社会主義教育は，人間の創造力ではなく，強欲な精神を育てあげたかのように思わせる。

それは，「中国の特色ある社会主義国」がもたらした社会である。「思想道徳教育」によって，人々の考え方を統一させようとするのは，封権制度の継続ではないだろうか。一党独裁の下に，官僚たちが自分の政権を守るために担い手を育てるための教育となっている。新時代の若者たちが党と祖国に対して，どのくらい誠意を持っているかは，どれくらい熱心に政治運動に参加しているかで量り選抜されるため，人口が多く，競争が激しい社会の現状に，政治運動をチャンスと考える若者たちが積極的にアピールしている。「仁孝義礼智信」[25]は中国伝統文化の優れた部分であったが，それを無くした今，人々の価値観が，目的のために手段を選ばず，何でも個人の勝手だというように変わっていくのは無理もないだろう。

子どもは真白な紙ではない。子どもの成長には育った環境・伝統文化による影響は大きいが，特に学校教育が大事である。教育は自然環境・伝統文化

に基づき、その社会環境の変化にも順応し、たくましく生きていく子どもの力を育てるものである。中国における学校教育は、失敗が相次ぎにがい経験をしてきたと言える。今後の教育改革は「統一」というより、各地域の伝統文化を尊重した環境で子どもを育てることにより、周囲と自らを尊重し調和できる成長をもたらすだろう。そうしてこそ教育はもっと輝かしくなることであろう。

次の終章ではこれまで明らかになった教育の課題とともに、今後の改善案を述べよう。

注
(1) 毛沢東、1957年10月9日「中国共産党第8届中央委員会拡大第3回全体会議」での講話『做革命的促進派』の中に提出したキーワードである。晋北人民出版社、1960年。
(2) 中国共産党が1957年から1958年前半に毛沢東主導下に展開した「ブルジョア右派」に反対する闘争である。1957年後半から、毛沢東は右派分子が共産党の指導権を奪おうとするものだとして、彼らに対して徹底的な弾圧を展開した。右派の範囲が拡大し、55万人が右派と認定された。右派分子はプロレタリア独裁の対象である知識人・地主・富農・反革命分子・悪質分子と共に「黒五類」に含まれ、監視と抑圧の対象とされ、さらに右派とされた本人のみならず、その子弟も進学・就職、社会的・政治的活動への参加を制限された。
(3) 劉西瑞「人有多胆、田有多大産」『人民日報』1958年8月27日。
(4) 1958年、中国に成立した合作社と地方行政機関が一体化した組織である。政社合一と呼ばれ、生産組織と政治組織とを一体化したもので、農業・工業・商業・文化・教育・軍事などすべての機能を行使する。1982年、憲法改正により廃置した。
(5) 1962年の末から1963年の初めにかけて、各地で試験的に社会主義運動教育を実施し、農村では、人民公社における労働点数、帳簿、倉庫、財産の再点検「四清」を行い、都市では汚職・窃盗、投機、浪費、分散主義、官僚主義に反対する「五反」運動を展開した。

(6) 文化大革命期に特に流行した「悪質分子」(反革命分子・旧知識人・地主・資本家・王公など)に対する比喩の総称。妖怪変化を意味する。1966年6月1日の「人民日報」が「すべての牛鬼蛇神を一掃せよ」と題する社説を発表したことから,文化大革命期にはこの言葉が多用されることとなった。

(7) 『馬克思(マルクス)・恩格斯(エンゲルス)選集』第1巻,人民出版社,1972年,270頁。

(8) 1967年5月7日,毛沢東が林彪に書いた手紙,簡称「五・七指示」である。文化大革命は「五・七指示」から始まった。『人民日報』1967年8月1日。

(9) 阿拉騰徳力海『内蒙古―挖(堀)粛災難実録―文化大革命―打反党叛国集団―挖内蒙古人民党革命党』自家版,1999年,8頁。楊海英編『内モンゴル自治区の文化大革命1 モンゴル人ジェノサイドに関する基礎資料』風響社,2009年,21頁。

(10) 毛沢東の著作から抜粋して編集した小冊子。文化大革命期に風靡全国した毛沢東の名言で,毛沢東崇拝の象徴となり,公式の場で人々は「語録」を高く揚げ,学校や職場では暗唱することが強要された。

(11) 毛沢東の3編の文章。「ベチューンを記念する」(1939年),「人民に奉仕する」(1944年),「愚公,山を移す」(1945年)の総称。いずれも延安における抗日戦争期の著述で,国際主義,人民大衆への無償の献身,不撓不屈の革命精神を説く。「党内の誤った思想を正すことについて」と「自由主義に反対する」を加えて,老5編になる。

(12) 同(9),阿拉騰徳力海,92頁。

(13) 図門・祝東力『康生与「内人党」冤案』中共中央党校出版,1996年,132頁。「206」案件は「内モンゴル人民革命党」事件のきっかけになった。中国共産党上の『内蒙古挖粛災難実録』自作自演による政治陰謀である。1963年2月6日,内モンゴル自治区の中部にある集寧市で内モンゴル内人党が第2回の代表会議を行い,モンゴル民主主義共和国との合併提案が決定されたという内容の手紙が郵便局で見つかった。それは「内モンゴル人民革命党委員会」から「モンゴル民主主義共和国イケホロラ」代表に渡す手紙だという設定である。それがきっかけで,「内モンゴル人民革命党」事件(内人党事件)が勃発した。

(14) 同(13),24頁。

(15) 1982年7月6日『光明日報』で,1982年5月19日,国家教育部(文部省)「全日制五年制小学校思想道徳課程プログラム」が認定されたことについて,具体的内容(教育目的・教育内容と要点・各学年の学習内容・教育上注意すべきこと)を記載し,試行する通知を出した。

(16) 『内蒙古民族教育工作手冊』内蒙古教育出版社,2004年,94頁。

(17) 『九年義務教育全日制小学校・九年義務教育全日制中学校・全日制高等学校用モンゴル語教学大綱』内蒙古教育出版社,2000年,4〜5頁。

(18) 『九年義務教育全日制中学校用 社会教育大綱』内蒙古教育出版社,2000年,1頁。

(19) 『九年義務教育全日制中学校用 歴史教育大綱』内蒙古教育出版社,2000年,2頁。

(20) 下程勇吉『日本の近代化と人間形成』法律文化社,1984年,19頁。

(21) 『中華人民共和国教育法』『中華人民共和国義務教育法』『中華人民共和国教師法』いずれも中国法制出版社,2007年,19頁。

(22) 『論語』金谷治訳注,岩波文庫,1963年,21頁。

(23) 色・嘎拉魯『蒙伝佛教佛経文化術史』内蒙古人民出版社,2003年,341頁。

(24) 中共中央文献研究室編『毛沢東文集』「論十大関係」人民出版社,1999年,33頁。

(25) 同(22),17〜25頁。

終　章
独自文化を尊重した多元一体の社会へ

第1節　3つの課題

　これまで，中国における少数民族学校教育の歴史的変遷ならびに特質を明らかにしてきた。本書は，内モンゴル自治区成立から今日まで，中央政府における少数民族政策の下に営まれた少数民族学校教育が，少数民族のアイデンティティ（自己同一性）の形成を阻害していることを論及・解明する試みであった。またこの考察を通して，中国における少数民族教育の再検討を行い，その改善・改革に向けて提案するという目的も兼ね備えていた。

　そこで，本書を総括するに当たって，これまでから見えてきた，(1)少数民族学校教育におけるアイデンティティの形成を阻害している実態，(2)モンゴル民族学校教育とモンゴル人教師・文化人の役割，(3)少数民族学校と「多元一体」の「和諧社会」実現，という3点に再度論及したい。

1　アイデンティティ形成の阻害

　少数民族教育は，自らのありようを自覚し，民族を発展させる基本である。
　中国少数民族地域における義務教育のモデルとなっている，内モンゴル自治区民族学校教育が，「民族教育の目的を達成して民族の誇りを涵養し，近代的学校教育の目的を達成して，社会で生き生きとすごせる次世代を育成しているか」との問いに，肯定的な答えを見つけるのは難しい。
　第8章に述べたように，寄宿制民族学校においては，自らの民族の言語と文化を身につけさせるために，「三語教育」が行われている。これは一見す

ると，全国の少数民族の子どもたちに，平等に教育を受けるチャンスが与えられているかのようであるが，実は，少数民族地域の日常生活で身につけた文化と授業内容との間には大きなギャップがあり，それが大きな問題をもたらしているのである。内容は漢文化中心主義であり，各少数民族についての歴史・文化についての記述は非常に少ない，あるいはゆがめられている。さらには第9章に述べたように，学校教育でも「思想道徳教育」という名の下に，漢族中心の教育が行われるなど，漢化・同化政策の中で，少数民族の子どもたちの確かなアイデンティティの形成が妨げられているのである。

2000年から，内モンゴル自治区では「中国的社会主義国」建設という政策の下に「生態移民政策」が実施され，牧民たちは故郷を棄てて出稼ぎ生活を強いられるようになった。その結果，伝統文化は急激に衰え，民族としての尊厳を保ち，誇りをもって暮らすのは困難な状況に陥っている。

「文化は生き方」である。生活実態とその家庭教育に合致していない教育を受けた子どもたちが，身につけつつあったアイデンティティを見失い，アイデンティティの混乱による自己不全に陥るのは必然である。

2　モンゴル人教師と文化人の役割

序章でも述べたように，「中国人」という概念は，現代中国において全ての「国民」が国家に対して抱いているアイデンティティを表現するものとされている中で，内モンゴルのモンゴル人がモンゴル人としてのアイデンティティを保持していくことは大変なことである。そしてそれは，「文化の媒介者」としてのモンゴル人教師あるいは文化人が今日担うべき重大な課題である。

内モンゴル自治区におけるモンゴル民族教育の発展してきた根拠は，第1章から第3章までに述べたように，1902年に貢親王により，モンゴルに最初の近代的学校が創設され，それに続いて工場・郵便局・新聞社などが相次ぎ設立されたことによる。1940年に徳王は，12歳以上の子どもを強制的に入学させ，義務教育制度を定めた。しかし，現在の中国における内モンゴル民族

学校教育では，民族的な誇りになるものを教えていないのが現実である。中国中央政府教育部における「一綱一本制」と「審査制度」の影響で，学校教育の中で，自民族の伝統文化を教えることが少なくなっている。

今日は，インターネットの力が世界を行き交う新しい時代がやってきている。そして自分の意見を自由に発表できるインターネット上では，モンゴル人同士の間の口喧嘩だけで終了するのではなく，モンゴル民族の歴史・伝統文化を正しく伝え，自信と誇りを育む基盤を創っていく責任感を持つべきである。

少数民族教師であり文化の伝承者であるモンゴル人教師たちが中心となって，インターネットを利用し，自民族伝統文化を学ぶ「人と文化のネットワーク」をつくり，教師たちが学び合い，親たちが学び合い，学校教育の中ではできないことを家庭教育・社会教育においてできる可能がある。

中国における政治圧力，競争社会，人種（民族）差別などの厳しい社会の中に呑み込まれないためには，モンゴル人も漢文化を学び研究する必要がある。しかしそれは同化されるためではなく，民族として生き続けるためである。モンゴル人にとっても，新しい時代の変化に合わせて生きていく力を涵養することが必要であるが，社会変化に合わせて生きていくとともに，教育を通して視野を広げ，社会を引っ張る主体的チャレンジ精神のあるリーダーシップをもった人物を育てるのが，今日のモンゴル民族をはじめ少数民族教育の一つの大きな目的であろう。

3　少数民族教育と「多元一体」の「和諧社会」の実現

中国は多くの民族を抱える国である。漢民族を含めた56の民族は，特定の空間的条件下で，各々の文化を基盤として一つの中国人（中華民族）という概念の基に発展してきた。その中で少数民族地域は，地理的に劣位な環境，宗教的な制約，経済的な制限を受け，それぞれの異なる言語・習慣・宗教を持って，中国における「多元一体」社会を構成している。

中国における「和諧社会」は，「中国人」というアイデンティティの枠組

の中に，各少数民族文化の価値を尊重し，一つの民族の中に呑み込まれるのではなく，各民族が平等に発展することを標榜する社会形態である。

しかし，中国の少数民族学校において今日でも行われている「中国式の特色ある社会主義国家」という教育理念が，筆者のアンケート調査によれば「モンゴル語で話すことは恥」と考えるような自文化を卑下し，自己不全感に陥っている若者の増加をもたらしており，「多元一体」の理念に合致しているのかどうか疑問である。本来の民族教育は，少数民族自身が，中国人であるけれども同時に自民族としての誇りを持ち，自民族の文化を生かしつつ次世代を育てる教育である。何をなすにしても，自己不全感に陥っていては，たとえ良いものであっても獲得できず，たくましく生きていく力も伸びないし，急激に変化する中国社会あるいはグローバル社会に，自信をもってはばたく次世代は育たない。

民族学校は，少数民族の自律的発展・自己確立にとって重要な役割を果たす教育機関である。そこでは伝統文化・民族の歴史を学び継承させ，民族意識を培い，さらにはその時代その時代の社会に適合・活躍できる人材を育成する上で重要な役割を担っている。

そのためには，少数民族学校教育は，まず55の少数民族と漢民族を対等に扱い，学校教育，入試制度においても実質的平等を確立することである。そして漢民族の文化と各少数民族の伝統文化を融合することにより，国家・国民としての文化を創造することができ，まさに「多元一体」の「和諧社会」が実現できるのである。

第2節　多元一体の和諧社会をめざした改善案

1　3つの具体的改善案

本書のさいごに，多元一体の和諧社会の実現のために，民族学校教育に関して以下3つの具体的改善点を提案したい。

それはまず，①少数民族の正しい歴史と文化の伝達，次に，②少数民族学

校数の回復，そして，③少数民族の生活文化に則した教科書の採用である。

①正しい少数民族の歴史・文化の伝達

モンゴル民族学校教育の実態はというと，第8章に述べたようにモンゴル民族学校で教えられているモンゴル民族の歴史・伝統文化は大きくゆがめられているのが現実である。「中華民族には5000年の文明史がある」，中国における55の少数民族は全て「炎黄の末裔」であるとも唱えらえている。モンゴル民族学校で採用されている教科書『思想政治』においても，中国の四大著書の登場人物の物語を例として多く取りあげられているなど，少数民族の伝統文化は漢族の文化にとって代わられ，さらには「孔子もモンゴル民族の偉大な祖先になる」といった記述まであり，少数民族の歴史・伝統文化は大きくゆがめられて教えられている。したがって，これらの教科書における恣意的な内容を改め，正しい歴史・文化を伝える内容を記述した教科書に改めることが不可欠である。

②少数民族学校数の回復

モンゴル草原は広大で，人口が少ない。学校が子どもたちの家から何十キロ，もっと遠くは200キロも離れた所にあるので，寮で寄宿・集団生活をしている。しかし，2000年から始まった「禁牧政策」の下，放牧に従事している人々の多くを「生態移民」として町に定住させ，2000年7月から多くの小学校を廃校とし，旗に小学校を集中させた。しかし，町の生活に適応できない人々は，この10年間でずいぶん地元の地域に戻っている。その結果，放牧地域に戻った子どもにとって，民族学校の減少が，通学を困難にしている。したがって，一部の地域の民族学校を復活させることが必要である。このことにより，民族学校教育を受ける子どもの就学率はあがり，若者の就職問題にも役に立つと思われる。

③少数民族の歴史・文化を伝える教科書の作成

　今日学校で行われている教育は，全国統一の教材・教育方法・教育評価の方式などの下に，表面的には平等なものとなっている。しかし，教科書に記載されている内容は，漢文化の下での生活・社会に基づくものが大半を占め，少数民族の子どもにとって，自分たちの生活に密着したものはわずかである。少数民族学校の生徒も，知識・技能の単なる容器や吸取り紙ではないので，自文化にはない内容を基に記された教科書は，子どもの興味・関心を引き出していないのが現実である。実はそのことが，少数民族の子どもに自分自身や民族の一員としての自信や誇りの形成を阻害する大きな要因となっている。したがって，たとえば，少数民族学校の子どもには，中国は多民族統一国家であるとの基本政策の下に，自治区における首府の名・旗・章・記念日などの内容を記した，今日使用している教科書とは別冊の少数民族向けの教科書を作成し，伝統文化についての詳しい歴史，有名人物などの物語や，自分たちの生活にある具体的で身近な例をとり上げることが望まれる。

2　今後の展望

　以上の3点を改善するだけでも，少数民族の子どもの自信や民族としての誇りを育み，学習機会は改善され，さらには学ぶ興味・意欲を引き出す教育となろう。この教育が，幼い頃から自分の故郷・文化・歴史を大切にする姿勢を育てると同時に，子どもたちに，自らも中国社会の一員であり，自民族の文化は「中華文化」の一つであると理解し，やがてそれが愛国心に変わってくるのである。それは，子どもの形象的な思考から抽象的な思考へと発達する原理と一致して子どものアデンティティ形成を育成することになり，知識の伝達と思想教育を合理的に融合させ，そして子どもの知的向上，国民の一員としての教育が貫徹するのである。

　多民族・多文化で構成される中国にとって，少数民族の文化の価値を理解し尊重する教育政策を実施することにより，次世代の少数民族を中国人であると同時に，少数民族の一員としての誇りをもつものに育てることになる。

終章　独自文化を尊重した多元一体の社会へ

やがてそれが中国という「大家族」の中で互いに優れた文化を吸収しあい，民族融和を進展させ，「民主的」国家としての中国の発展に大いに貢献することになるであろう。少数民族が生き生きと誇りをもってすごせる社会づくりは，中国の輝かしい発展に直結すると考える。

　少数民族の正しい歴史・文化の表記，またそれらを取り扱う各民族版教科書の並用・採択，そして民族学校数の回復を実現することにより，各少数民族の伝統文化と漢文化の融合の基盤が大きく醸成され，国家・国民としての中国・中華文化を創造することを促進させるのである。ここにおいて本当の意味の「多元一体」の「和諧社会」が中国の教育で実現できるのである。

引用・参考文献

(日本語文献)

伊貞姫「中国における『国民教育』と『少数民族教育』の相克」『国際開発研究フォーラム』30号,2005年。

市瀬智紀「中国少数民族のバイリンガル教育の概観――その教育モデルと実践」『異文化間教育』14号,2000年。

岡本雅享『中国の少数民族教育と言語政策』社会評論社,1999年。

王　柯『多民族国家　中国』岩波書店,2005年。

大塚　豊「中国における義務教育財政改革――管理体制の弾力化・分権化の影響分析」『義務教育の機能変容と弾力化に関する国際比較研究(最終報告書)』《科学研究費補助金　基盤研究(B)研究成果報告書》京都大学大学院教育研究科杉本均研究室,2008年。

大西正倫『表現的生命の教育哲学――木村素衞の教育思想』昭和堂,2011年。

加々美光行『中国の民族問題――危機の本質』岩波現代文庫,2008年。

嘉木揚・凱朝『モンゴル仏教の研究』法藏館,2004年。

河原操子『カラチン王妃と私――モンゴル民族の心に生きた女性教師』芙蓉書房,1969年。

ゲシェー・ソナム・ギャルツェン・ゴンター／藤田省吾『チベット密教　心の修行』法藏館,2000年。

『現代中国事典』岩波書店,1999年。

康　越「国民政府形成における東北地域政治」博士論文(博甲第十号)補論「内モンゴルにおける人口移動の基礎的研究」2000年,大阪大学外国語学部(旧大阪外国語大学)図書館蔵。

小長谷有紀・シンジルト・長尾正儀『中国の環境政策　生態移民』昭和堂,2005年。

坂口慶治・植村善博・須原洋次『アジアの何を見るか』古今書院,1993年。

下程勇吉『日本の近代化と人間形成』法律文化社,1984年。

白石克己・廣瀬敏夫・金藤ふゆ子編『ITで広がる学びの世界』(生涯学習の新しいステージを拓く〈巻6〉)ぎょうせい,2001年。

菅沼　晃『モンゴル佛教紀行』春秋社，2004年。

杉山正明『逆説のユーラシア史――モンゴルからのまなざし』日本経済新聞社，2002年。

田中圭治郎『多文化教育の世界的潮流』ナカニシヤ出版，1999年。

田中圭次郎『道徳教育の基礎』ナカニシヤ出版社，2006年。

姜英敏「中国の学校教育における基礎教育カリキュラムの改革動向」『比較・国際教育』第12号，2004年。

トクタホ「内モンゴル自治区における教育問題の源流――清朝末期以降の民族政策との関連において」『国際教育』第15号，2009年。

バイガル「サイチンガの人と作品」『東洋大学大学院紀要』第33号，1996年。

ハスエリドン「中国少数民族地域の民族教育政策の理念と民族教育の問題」『多元文化』第5号，2005年。

ハスゲレル「中国におけるモンゴル民族教育の構造と課題――教科書分析を中心に」『国際教育』第11号，2005年。

樊秀麗「文化の中断・断裂――中国における多文化教育の現状について」『日中教育学対話Ⅲ』春風社，2010年。

福沢諭吉『学問のすすめ』（福沢諭吉全集第三巻）岩波書店，1959年。

松本ますみ『中国民族政策の研究――清末期から1945年までの「民族論」を中心に』多賀出版，1999年。

宮脇淳子『モンゴルの歴史――遊牧民の誕生からモンゴル国まで』刀水書房，2002年

毛利和子『周縁からの中国民族問題と国家』東京大学出版会，1998年。

山﨑高哉『教育学への誘い』ナカニシヤ出版，2004年。

楊海英『狂暴国家中国の生体』扶桑社新書，2014年。

横田素子「内蒙古喀喇沁右旗学堂生徒の日本留学生」『中日文化研究所所報』第4号，2004年。

横田素子「横浜正金銀行借款に見る明治期の対内蒙古政策――喀喇沁右旗を例として」『中日文化研究所所報』第6号，2007年。

横山宏章『中国の異民族支配』集英社新書，2009年。

吉田富夫・萩野脩二『原典中国現代史　思想・文学』第5巻，岩波書店，1994年。

和田修二・田中圭治郎『何が親と教師を支える』ナカニシヤ出版，2000年。

『日本学習社会年報　第3号』日本学習社会学会〔編〕2007年。

(翻訳文献)

T. S. エリオット『エリオット全集Ⅴ　文化論』深瀬基寛訳，中央公論社，1960年。

E. H. エリクソン『アイデンティティ　青年と危機』岩瀬庸理訳，金沢文庫，2004年。

『元朝秘史』小沢重男訳，岩波文庫，2000年。

サミュエル・ハンチントン『文明の衝突』鈴木主税訳，集英社，1998年。

T. ナムジム『モンゴルの過去と現在』村井宗行訳，高槻文庫，1998年。

日本国際問題研究所中国部会編『中国共産党資料集』1巻，勁草書房，1967年。

日本国際問題研究所中国部会編『中国共産党資料集』5巻，勁草書房，1967年。

ハイシッヒ『モンゴルの歴史と文化』田中克彦訳，岩波書店，2000年。

バゼドウトラップ『国家と学校』金子茂訳，明治図書出版，1969年。

『馬克思（マルクス）・恩格斯（エンゲルス）選集』(第1巻) 人民出版社，1972年。

『毛沢東集』第2版第4巻〔1935・11〕蒼蒼社，1983年。

楊海英『内モンゴル自治区の文化大革命1　モンゴル人ジェノサイドに関する基礎資料』風響社，2009年。

ランゲフェルト『続　教育と人間の省察』岡田渥美・和田修二訳，玉川大学出版部，1976年。

(モンゴル語文献)

仏スチン太子『十善福白史冊』内蒙古人民出版社，1981年。

金峰『呼和浩特召廟』内蒙古人民出版社，1982年。

意都和西格『蒙古民族通史』(第4巻) 内蒙古大学出版社，2002年。

『内蒙古師範大学蒙古語言文学専業研究生論文集』(上) 内蒙古人民出版社，1990年。

ウ・ナランバト『モンゴル佛教文化』内蒙古文芸出版社，1997年。

ウ・ナランバト『事業之路　同仁之情――蒙古学者蓮見治雄教授退官記念文集』内蒙古文化出版社，2003年。

『思想政治』(下) 9年制（9年級）義務教育全日制中学校用モンゴル語版，内蒙古教育出版社，2003年。

『思想政治』9年制（9年級全1冊）義務教育全日制中学校用モンゴル語版，内蒙古教育出版社，2006年。

『思想政治』9年制（5年級下冊）義務教育全日制中学校用モンゴル語版，内蒙古教育出版社，2007年。

ナランオチラ『識論蒙古族伝統家教』内蒙古文化出版社，1985年。

ナランオチラ『乞顔精神』内蒙古教育出版社，1994年。

ベ・リンチン『モンゴル語法』（上冊）内蒙古人民出版社，1992年。

宝力高『諸汗源流黄金史綱』内蒙古教育出版社，1989年。

包・仁慶王吉楽『青史』"ADMON" Ulaanbator, 2008年。

喀喇沁王府『モンゴル語読本　巻一，巻二，巻三』大日本図書株式会社，1907年。

留金鎖『モンゴル簡史』内蒙古人民出版社，1985年。

サインジラガラ・ジャララダイ『成吉思汗（チンギス・ハーン）祭典』民族出版社，1983年。

サガンスチン『蒙古源流』内蒙古人民出版社，1980年。

色・嘎拉魯『蒙伝佛教佛経文化術史』内蒙古人民出版社，2003年。

『苏尼特右旗文史汇編』内蒙古党校印刷，2006年。

ソドバ『ソニデ左旗史記』ソニデ左旗史料办公室出，1987年。

蘇魯格・那本斯『簡明内蒙古喇嘛教史』内蒙古人民出版社，1999年。

SH・Nactagdorj『Altan tobqi』（黄金史）Ulaanbator.

斉・宝力格『馬頭琴与我』内蒙古人民出版社，2000年。

乔吉『黄金史』内蒙古人民出版社，1983年。

乔吉『八思巴伝』内蒙古人民出版社，1991年。

金巴道尔吉『水晶監』民族出版社，1984年。

拉喜彭斯克『水晶珠』内蒙古人民出版社，1985。

ロブソンチョダン『モンゴル民族風俗鑑』内蒙古人民出版社，1981年。

『九年義務教育全日制小学校・九年義務教育全日制中学校・全日制高等学校用モンゴル語教学大綱』内蒙古教育出版社，2000年。

『九年義務教育全日制中学校用　社会教育大綱』内蒙古教育出版社，2000年。

『九年義務教育全日制中学校用　歴史教育大綱』内蒙古教育出版社，2000年。

王風雷『教育』内蒙古教育出版社，2003年。

引用・参考文献

（翻訳文献）

布林『蒙古族歴史人物論集』奇越・陶克陶夫訳，内蒙古文化出版社，1984年。

金正洛『千年人物』波・拉赫巴等訳，北京民族出版社，2003年。

蕭大亨『北虜風俗』ホヘウンドル／ヘ・アサラルト訳，内蒙古文化出版社，2001年。

（中国語文献）

阿拉騰徳力海『内蒙古―挖（堀）粛災難実録―文化大革命―打反党叛国集団―挖内蒙古人民党革命党』自家版，1999年。

喀喇沁貢桑諾爾布・中国人民政治協商会議・内蒙古自治区委員会文史資料委員会主編『内蒙古近代現代王公録』（内蒙古文史資料）第32輯，1988年。

『大清太宗皇帝實録』（2）巻44（27），台湾華文局，1963年。

『費孝通文集』第11巻「中華民族的多元一体格局」群言出版，1999年。

『光明日報』1982年7月6日，全日制小学校五年制思想道徳教育プログラム。

韓達主編『中国少数民族教育史』雲南出版社，1998年。

郝玉鋒『烏兰夫伝』内蒙古人民出版社，1990年。

郝玉鋒『烏兰夫与偉人的交往和友誼』中共党史出版社，1997年。

金炳鎬『マルクス（馬克思）主義民族理論発展史』中央民族大学出版社，2007年。

労凱歌『中国教育法制評論』（第1巻）教育科学出版社，2002年。

盧明輝『蒙古"自治運動"始末』中華書局，1980年。

劉世海『内蒙古民族教育発展戦力概論』内蒙古教育出版社，1993年。

劉西瑞「人有多胆，田有多大産」『人民日報』1958年8月27日。

毛澤東『做革命的促進派』晋北人民出版社，1960年。

中共中央文献研究室編『毛沢東文集』「論十大関係」人民出版社，1999年。

孟馳北『草原文化与人類歴史』（上・下）国際文化出版社，1999年。

『民族区域自治与蒙古族的発展進歩』内蒙古教育出版社，2004年。

『内モンゴル自治区教育成就1947―1997』内蒙古教育出版社，1997年。

内モンゴル自治区統計局「内モンゴル自治区2010年第六回中国国情調査（全国人口普査主要数据公報）報告」『内蒙古日報』2011年5月9日。

「農村税費改革中為什麼要強調三個確保」『人民日報』2002年9月13日。

『清徳宗景皇帝実録』巻586（14）「光緒34年正月癸卯条」台湾華文書局，1970年。

197

任美鍔『中国の自然地理』阿部治平・駒井正一訳，東京大学出版会，1986年。

『人民日報』1966年6月1日。

『人民日報』1967年8月1日。

滕星・楊紅「西方低学業成就帰因理論的本土化闡釈――山区拉祐族教育人類学田野工作」『広西民族学院』（哲学社会科学版），2004年（第3期）。

図門・祝東力『康生与「内人党」冤案』中共中央党校出版，1995年。

夏鋳・阿布都・吾寿尓編『中国民族教育50年』紅旗出版社，1999年。

楊一仁『素質教育求索録』内蒙古教育出版社，2004年。

『元史』（縮印百衲二十四史）巻202「八思巴傳」商務印書館，1958年。

喩世長『論蒙古語族的形成和発展』民族出版社，1983年。

札奇斯欽『我所知道的徳王和当時的内蒙古』中国文史出版社，2005年。

ゾリゲト『漢藏蒙対照佛教辞典』北京民族出版，2003年。

周済「関於中華人民共和国義務法（修訂草案）的説明」全国人大教科文衛委員会教育室編『中華人民共和国義務教育法学習與宣伝読本』北京師範大学出版社，2006年。

『中国教育年鑑』編輯部，1984年。

『中華人民共和国刑法』中国法制出版，2006年修訂版。

『中華人民共和国教育法』中国法制出版社，2007年。

『中華人民共和国義務教育法』中国法制出版社，2007年。

『中華人民共和国教師法』中国法制出版社，2007年。

（翻訳文献）

JUVAINI『世界征服者史』何高済訳，内蒙古人民出版社，1980年。

山田茂『清代蒙古社会制度』宝音徳勒格尓訳，内蒙古文化出版社，1988年。

張穆『蒙古遊牧記』那木曇・班斯拉斎訳，民族出版社，1990年。

（インターネット）

http://ja.wikipedia.org/wiki/%E6%B2%B3%E5%8E%9F%E6%93%8D%E5%AD%90

http://news.xinhuanet.com/ziliao/2004-11/27/content_2266970.htm

モンゴル自由連盟党，No.5806‐2008年6月11日。

http://www.e56.com.cn/minzu/west/menggu4-1.htm

http://www.lupm.org/japanese/pages/090529j.htm

http://www.nmgov.edu.cn/modules/news/article.php?storyid=326（2006年3月26日，内蒙古教育庁）

http://www.sina.com.cn（2004年6月28日，2012年9月9日，新華ネット）

中国新聞ネット，2011年10月26日。

南方報業ネット，2012年9月9日。

『読売新聞』2010年10月20日。

参 考 資 料

「内モンゴル自治区・モンゴル民族の意識に関する実態調査」
アンケート様式

（モンゴル語）

[illegible]

18. [illegible]

1. [illegible] ‥ 2. [illegible] ‥

17. [illegible]

1. [illegible] ‥ 2. [illegible] ‥

16. [illegible]

1. [illegible] ‥ 2. [illegible] ‥

15. [illegible]

1. [illegible] ‥ 2. [illegible] ‥

14. [illegible]

1. [illegible] ‥ 2. [illegible] ‥

13. [illegible]

1. [illegible] ‥ 2. [illegible]

12. [illegible]

1. [illegible] ‥ 2. [illegible] ‥

[illegible]

11. [illegible]

1. [illegible] ‥ 2. [illegible] ‥

10. [illegible]

1. [illegible] ‥ 2. [illegible] ‥

9. [illegible]

1. [illegible] ‥ 2. [illegible] ‥

8. [illegible]

1. [illegible] ‥ 2. [illegible] ‥

7. [illegible]

1. [illegible] ‥ 2. [illegible] ‥

6. [illegible]

1. [illegible] ‥ 2. [illegible] ‥

5. [illegible]

1. [illegible] ‥ 2. [illegible] ‥

4. [illegible]

1. [illegible] ‥ 2. [illegible] ‥

3. [illegible]

1. [illegible] ‥ 2. [illegible] ‥

2. [illegible]

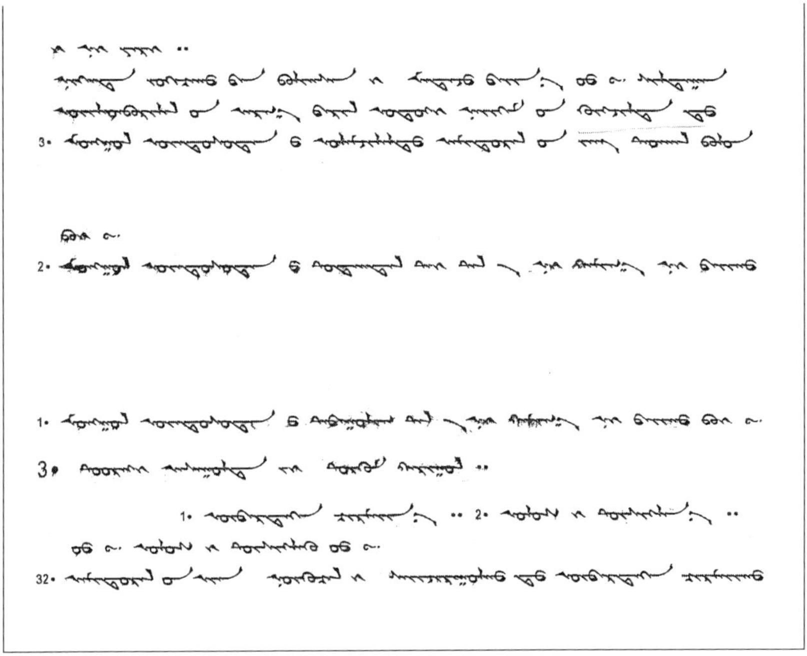

参考資料

「内モンゴル自治区・モンゴル民族の意識に関する実態調査」

（日本語訳）
　　　　　——以下の項目に記入してから，質問にお答えください——

年　　齢：

性　　別：

学　　歴：

職　　業：

出　身　地：

盟（市）：

　　旗　　：

牧　地　域：

農　　村：

町・都市：

半牧半農：

参考資料

（1）以下の質問に，答えてください。右上の4つの段階から一つを選び○をつけてください。

質　問	よく知っている	少し知っている	あまり知らない	全く知らない
チンギス・ハーンについて				
チンギス・ハーンの業績について				
チンギス・ハーンの思想について				
毛沢東について				
『内人党』事件について				
モンゴルの家庭教育について				
モンゴルの礼儀について				
モンゴルの生活習慣について				
モンゴルの伝統的生活様式について				
モンゴルの牧・農民の生活水準について				
民族政策について				
環境が破壊されている原因について				

（2）以下の質問から，二つのうち一つの答えを選んでください。

1．モンゴル語で話すのは恥ずかしいと思いますか。
　　①はい　　　②いいえ
2．モンゴル語は読めますか。
　　①はい　　　②いいえ
3．モンゴル語で書けますか。
　　①はい　　　②いいえ
4．モンゴル語でよく話せますか。
　　①はい　　　②いいえ
5．モンゴル語の固有の発音を知っていますか。
　　①はい　　　②いいえ

6，家では何語を使いますか。
　　①モンゴル語　②中国語
7，モンゴル民族の衣裳を持っていますか。
　　①いる　　　②いない
8，民族衣裳は祭り，結婚式に着ますか。
　　①着る　　　②着ない
9，チンギス・ハーンの肖像画を家に飾っていますか。
　　①いる　　　②いない
10，モンゴル民族に発展の可能性を感じますか。
　　①ある　　　②いない
11，モンゴル族と漢族の生活習慣のどちらがいいと思いますか。
　　①モンゴル族　②漢族
12，何語で教育を受けましたか。
　　①モンゴル語　②中国語
13，貴方はモンゴル人としてのプライドを持っていますか。
　　①はい　　　②いいえ
14，お酒は飲みますか。
　　①飲む　　　②飲まない
15，賭けごとをしますか。
　　①する　　　②しない
16，漢族は優れていると思いますか。
　　①はい　　　②いいえ
17，民族の発展に尽力していますか。
　　①している　②していない
18，民族の発展に尽力したいが恐れていますか。
　　①恐れている　②いない
19，漢族に対して敬いと嫌悪どちらの印象を持っていますか。
　　①敬　　　　②嫌
20，モンゴル族と漢族の間で民族差別があると思いますか。
　　①はい　　　②いいえ

21, 学校教育で民族教育を受けたことがありますか。
　　①ある　　　②ない
22, あなたは子どもをどちらの学校へ通わせたいですか。
　　①民族の学校　②普通の学校
23, 民族学校に入れることが子どもの将来のためにならないと思いますか。
　　①はい　　　②いいえ
24, 子どもを普通の学校に通わせるのは仕方がないことと思いますか。
　　①はい　　　②いいえ
25, 民族学校と普通学校の教育条件は同じですか。
　　①はい　　　②いいえ
26, 教育を重視していますか。
　　①している　②分からない
27, 結婚相手の出身民族を気にする特別な理由はありますか。
　　①はい　　　②いいえ
28, 自然環境を守りたいと思っていますか。
　　①いる　　　②いない
29, これからモンゴル経済が発展すると思いますか。
　　①思う　　　②思わない
30, 生活が貧しい子どもの教育を応援しますか。
　　①はい　　　②関係ない
31, 今の生活状況を変えようと思いますか。
　　①はい　　　②いいえ
32, 生活状況を変えるには自力か，それとも政府に頼りますか。
　　①自力で　　②政府に

（3）以下の質問について，あなたの考えを書いてください。

1, モンゴル民族の欠点は何ですか。

2, モンゴル民族の美点は何ですか。

3, モンゴルの伝統的な生活習慣と生産方式が現代社会に適合しているかどうか。自由に記述をして下さい。

中国の教育制度関連年表

年	中国	中国教育制度	内モンゴル自治区
1902			モンゴル初の近代学校創設（崇正学堂）
1903			カラチン王（貢親王）の訪日 近代女子小学校創設（毓正女学堂）
1911	辛亥革命		モンゴル独立宣言
1912	中華民国成立 孫文「中華民族」宣言（五族共和論）		
1913		北京蒙藏専門学校創設	
1921	中国共産党成立 （三民主義の具体的実施方法）		
1922	第2回共産党大会宣言において「モンゴル・チベット・回疆の3部族に自治を実行し，民族自治連邦とする」		
1929	蒋介石「中華民族一元論」		
1931	中華ソビエト第1回全国大会 （民族の自決権の承認）		
1938	共産党中央委員会第6回会議「少数民族政策」 （民族自決権の一部否定）		
1940			義務教育制度導入
1941		延安民族学院設立	
1947			内モンゴル自治区，成立宣言
1949	中華人民共和国（新中国）成立「共同綱領」		内モンゴル自治区第1回教育事業会議
1950	民族識別工作 （第1期，〜1954）		漢語教育開始

参考資料

年			
1951		第1回全国民族教育会議「内モンゴル自治区小学校教育暫定実施方法」	
1953			牧区小学教育会議「四結合，四為主」
1954	「中華人民共和国憲法」（民族自決権の否定）民族識別工作（第2期，～1964）		
1956	「全国農業発展綱要」	小学校義務教育の普及	
1957	反右派闘争		学校教育に漢語教育を導入
1958	大躍進期（～1960）	全国民族工作会議 文字改革	
1960		社会主義路線教育	
1963	四清運動（～1966）		「206」案件 モンゴル族小中学校のモンゴル語・漢語の進級進学試験の方法（草案）
1966	文化大革命（第1期，～1969）		「内人党」事件（「内モンゴル人民革命党粛清」事件，～1977）
1973	文化大革命（第2期）		
1976	文化大革命（第3期）		
1978	民族識別工作（第3期）	入学試験復活	
1981		民族教育司設立	「内モンゴル自治区学生運動」モンゴル小中学校漢語プログラム
1982		「全日制五年制小学校思想道徳課程プログラム」	漢語教育プログラム実施
1984	「中華人民共和国民族地域自治法」		
1986		「中華人民共和国義務教育法」（旧法）	
1988	費孝通「中華民族多元一体構造論」		
1900	三個代表		
1992		「全国民族教育発展と改革指導要綱（試行）」	

年			
1999		「素質教育」の普及	三語教育
2000		入学制度「3+X」	ソムの小学校を廃校
			禁牧政策と生態移民（天保工程）漢化政策の実施
2001		基礎教育課程実施要綱（試案）の公表（新課程教育）	
2003		民族学校教科書改訂	
2004		中国少数民族漢語レベル等級試験（MHK）	
2006	和諧社会	「中華人民共和国義務教育改定法」（新法）	
2007		伝統文化教育	
2010			胡春華の指示に反発活動
2011			内モンゴル人抗議活動
2012	反日運動		

索　引

＊は人名

あ　行

アーリガーリ文字　38
愛国主義　12, 17, 98, 157, 171, 176, 177, 179
愛国心　190
　——の教育　157, 176
アイデンティティ　1, 2, 5, 9, 11, 44, 74, 97, 102, 145, 153
　——確立の阻害　13, 146
　——形成（確立）　15, 16, 18, 156, 185, 186, 190
『新しいモンゴル』　74
＊アユシグーシ　38
『アラタントッベチ』　39
＊アラダン・ハン　30, 109
アルコール依存　2, 88
アンケート調査　3
＊晏陽初　53
医学科（マンバーラサン）　35
活仏　27, 38
　——虐殺事件　26
毓生女学堂　52, 55, 56
意識次第で生産力も変わる　166
一民族一国家　66
一綱一本制　2, 13, 149, 187
一党独裁　137, 181
＊市瀬智紀　10
イデオロギー教育重視　148
『イヘザサガ』　112
移民　110, 111
インターネット　13
ヴェーダ語　36
上の命令を遵守し逆らわない　155, 179
＊内田康成　49
兎年暴乱　47

内モンゴル自治運動　61, 65, 70, 75, 108
　——期　16, 25
内モンゴル自治区（内モンゴル地域）　3, 25, 109
　——小学校小学校教育暫定実施方法　96
　——第1回教育事業会議　96
内モンゴル師範大学　38
内モンゴルの建設兵団　169
内モンゴルの独立　44, 58
打つ・壊す・焼く　181
ウランチャブ盟　69
　——蒙古青年学校　69
＊ウランフ（烏蘭夫）　60
＊ウリヤン・ハイ　46
嬰報　53
英雄的模範人物　171, 172
栄養失調　115
延安民族学院　96
炎黄の末裔　3, 156, 189
＊エンゲルス　166
＊袁世凱　60
園遊会　57
応試教育　125, 126, 130-132, 139, 149
王二小放牛　179
オーハン旗　47
＊大隈重信　49
教えない学び　133
オラーン・チャブ盟ウラト西公旗寺　36
＊オルジュイトゥ・ハーン　37
オルドス左翼中旗　65
＊温家宝　120

か　行

改革開放政策　16, 17, 110
階級的立場　165

階級闘争　168
貝子廟　69
開墾農民　65
開墾面積　111
外資系企業　138
改定義務教育法（新法）　17
開放改革　178
課外活動　159, 176, 178
科学を愛する　173
学業品行　52
格差　84
　学校――　107
　地域――　132, 140
学習環境　134
学制改革　105
学民思潮　101
革命伝統　157
　――の教育　176
革命派における督促者　166
学力不振　154
学歴社会　133, 134
カシミヤ　113
価値観　126, 128
家畜の被害　112
ガチャ（村）　153, 168
ガチャ長　181
合宿訓練　74
活性化　126
家庭学習　134
『家庭興隆之書』　74
カラチン右旗　46, 47, 49, 57, 58, 68
　――学校　43, 44
『喀喇沁王府モンゴル語読本』　57
ガリグ文字　38
＊河原操子　12, 54, 57
漢化　74, 82, 89
　――教育　82
　――政策　77, 100
　――統一政策（漢化・同化政策）　170,
　　186

環境の変化　85
艱苦素朴　175
漢語(中国語)　46, 77, 101, 110, 149, 150, 153,
　154, 160
漢語学校　113
漢語教育（漢語授業）　98, 151
　――重視　146, 151
漢語とモンゴル語を用いた教科書　68
ガンジュール　36, 38
漢人　46, 48, 58, 109
漢族（漢民族）　15, 51, 84-86, 93-95, 100, 111,
　133, 153, 154, 157, 158
　――官吏　46
　――の学校（漢民族学校）　120, 149
漢文化　85
　――中心主義　186
　――中心の教科書　154
漢民族の人口増加　110
漢民族文化　149
管理責任体制　114
官立徳化興蒙牧業中学校　71
官僚の子ども　29
旗　67-69
　――の業務コース　71
寄宿・集団生活　189
寄宿舎　56
寄宿学校（寄宿民族学校）　1, 12, 17, 69, 108,
　109, 145, 148, 185
　――教育　119, 146, 147
　――制度（寄宿制度）　147, 34, 148
寄宿生活　70, 75, 145, 158
寄宿料　51
犠牲　120
基礎教育　127
　――課程改革要綱（試行）　125, 127
　――課程実施要綱（試案）　128, 149
　――の改革と発展に関する決定　114, 125
義務教育　16, 78, 99, 105, 107-109, 112-117,
　119, 120
　――改革　118, 120, 139

214

索引

　　――改正法　115
　　――強化　114
　　――経費（義務教育費用）　116, 117
　　　1つの免除と1つの補助　116
　　　2つの免除と1つの補助　116
　　――制度　70, 75, 108, 186
　　――段階　117, 128, 175
　　――費　114
　　――法（新法）　105, 117, 120, 137
　　農村――　114
　　――未実施地域解消　119, 120
旧革命区　119
9年義務教育の実行　107
教育改革　101
教育環境　88
教育技術　129, 130
　　――能力　130
教育救国論　53
教育求亡　44, 59
教育行政部門　126
教育経費　108, 119
教育現場　126, 136
教育資源　107, 117
教育思想　65
教育制度　70, 118, 165
教育体制改革に関する決定　107
「教育で民族を救う」　59
教育能力　129
　　――標準　130
教育費付加　114
　　農村――　113
教育評価　133
教育費用予算案　75
教育方針　125, 126, 139, 171
教育方法　125, 133
共育無用論　139
教学過程完化　132
教科書代　113
共産主義思想　171
　　――道徳　178

共産主義唯物論　167
教師技術能力　130
教師研究学校　108
教師養成コース　71
競争社会認識　134, 139
共通漢語　101
共同綱領　94
教諭が口授，子どもが静聴　132
共和国義務教育新法　175
金銭関係　136
金銭に向う　135
近代教育理論　59
近代国家　98
近代的学校　54
近代的な知　165
勤勉に勉強する　173
禁牧政策　78, 114, 153, 157, 160, 189
国がすべてを請け負う　108
国の教育　176
国の分裂　80
＊グユゲ，ハーン　28
クロアチア　99, 100
軍事学校　50-52, 58
＊貢親王（貢桑諾爾布親王）　16, 43-46, 48-55,
　　57-61, 65, 68, 74, 150, 186
君臣の道　155, 179
経済改革　126
啓発・誘導　131, 133
経費徴収　107
鶏毛信　179
言語共同体　98
言語統一　98
元朝　16, 25
「権利を奪う」　109, 170
＊乾隆帝　31
県を主とする　114, 115
紅　165, 166
紅衛兵運動　168
公益物を大事にする　174
＊黄炎培　53

215

＊康煕帝　35
甲午戦争（日清戦争）　46
孔子廟　29
孔子もモンゴル民族の偉大な祖先　156, 189
＊江沢民　132
行動意識　25
高等科　55
紅と専　165, 170
抗日戦争　94, 179
抗日統一戦線　96
公文書　4
拷問　170
公用語　46, 77
合理主義　98
紅領巾　159, 177
郷レベルの職責・権限　108
5ヵ年計画　166
『国語教育大綱』　175
国際交流　125
『国際6都市調査報告書』　134
国子監　31
国勢調査　95
国勢の教育　157
国族統一の文化　67
国民　98, 99, 138, 186
　──教育　101
　──統合　97
『心の友』　74
『心の光』　74
＊胡春華　101
＊呉俊昇　59
55の少数民族　1, 4, 15, 156
五小明　30
個人主義　126, 132, 181
戸籍　118
　都市──（城鎮戸籍）　135
　農村──　135
　──移動　117
五族共和　7, 66
五大明　30, 35

五反運動　166
国家・国民　11, 14, 17, 98, 171, 191
国家形成　98, 99
国家公務員法　115
国家統一（国家統合）　1, 96, 99, 100
『金光経』　35
金剛乗　36
五・七幹部学校（五・七指示）　168

さ　行

差異性教育　131
＊サイチンガ　74
採用試験　138
＊ザガーラ　58
＊サキャ・パンディタ・グンガザラソン　28, 37
ザサカ　47, 69
＊ザサクドロドリン親王　46
雑費　116
砂漠化　111
『沙原・我が故郷』　74
サルニ（進級）　35
『三好生』　176
三語教育（三言語教育）　150, 185
35宣言　4, 8, 93, 96
サンスクリット語　36
寺院制度　34
識字運動　53
自給自足　89, 110
四結合, 四為主　148
思考意識　25
自己抑制力　140
市場化　126
四清運動　166
自然環境　81, 82, 110-112
　──の悪化（砂漠化）　88
　──破壊（自然破壊）　78, 79, 110, 111
四川大地震　120
『思想政治』　189
『政治思想』　3

索　引

思想道徳　155, 176
　　——教育　6, 10, 12, 39, 89, 154, 158, 165,
　　　170, 171, 175-181, 186
自治権　94
嫉妬心　89
児童労働の禁止　107
自発性　140
師範学校　74, 108
　　——および学院　65
資本主義　98, 105
　　——の尻尾　168
＊下田歌子　50, 54
シャーマニズム　26
　　——教　16, 25
＊釈迦　25
シャガイ　158
社会環境　120
『社会教育大綱』　176
社会主義教育　157, 166, 168, 176
社会主義思想　155, 165
社会主義精神文化　154
社会主義的な徳　165
社会主義文化革命運動　169
社会主義理論　170, 180
＊札奇斯欽（ジャグチド）　12
ジャサグ　60
ジャラン・ジャンク（清朝官僚等級名）　47
＊周恩来　36
就学問題　120
＊周済　107
13期3中全会　107
集資助学金　113
就職戦線（就職難）　78, 117, 137, 138
『十善福白史冊』　29, 30, 39
集団主義精神　171
集団生活　145
集団を愛する　174
集中学校　148
重点学校　117, 136
　　——制度　117

18科目　149
自由連邦制　93
主管宰相（主管大臣）　29, 30
儒教思想道徳　179
受験戦争　127, 133
儒商人（漢人）　109
守正学堂　51, 58
種族主義（種族同化主義）　5, 67
主体的学習　118
守備範囲　115
主流民族　11
巡回小学校　148
順逆　45
＊蒋介石　67
障害児教育　119
小学生規則　171
小康村　88, 114
小皇帝　134
上山下郷　111, 169
小試験　56
少数民族　2, 3, 7, 9, 12, 14, 84, 86, 89, 93-96,
　　98, 100, 102, 109, 118, 147, 158, 179, 185
　　——学校　89, 96, 113, 145, 146, 189
　　——教育　9, 11, 15, 17, 96, 97, 126, 146, 187
　　——言語　11, 98, 149
　　——政策　96, 149
　　——地区（少数民族地域）　119
　　——の国家統合　100
　　——の自己確立　89
　　——の歴史　189
　　——文化　188
小先隊　177
＊蕭大亨　32
商売意識　112
「税費改革」　113
女学校教師　54
諸経費　119
女子学校　48, 51, 55
女子教育　50, 52, 55
女性教師　54

217

書籍費　116
初等義務教育の普及　107
諸民族の融合論　66
庶民の子ども　29
ジョロ　33
シリンゴーラ盟　65, 69
シリンゴーラ盟青年学校　69
時論・タントラ（トィングルラサン）　35
進学・進路先　140
新学制　105
新課程　130, 133
新疆ウイグル暴動　100
新軍閥　65
仁孝義礼智信　181
審査制度　2, 13, 149, 187
人種差別（民族差別）　2, 14, 187
　――撤廃条約　5
尋常科　55
新政　46
身体的素質　138
新中国　105, 108
清朝　16, 25
＊ジンバドルジ　39
審美的素質　138
振武学校　58
人脈　136, 178
人民公社　166
人民奨学金　109
心理教育　39
崇正学堂　44, 47, 48, 54, 56, 150
＊鄒容　58
スロベニア　99
生活栄養改善　119
生活援助金　114
生活環境　88, 89
生活困難家庭　119
生活保障の変化　79
政教一合　26, 30, 32
生産方法　133
政治運動　17, 110, 181

政治科目（政治教育）　166, 176
誠実・謙虚　174
政治的圧力（政治的権力）　88, 101
政治的概念　96
政治闘争　165
成人学校　52
生態移民　112, 120, 160, 189
　――政策　78, 114, 186
生態環境　112
西部大開発　8, 111, 114, 154
世界人権宣言　5
世襲郡　46
絶対守らなければならない規則　174
セルビア人　99, 100
専　165
全国人民代表常務委員会　115
全国代表大会　132
全国的な統一カリキュラム　5
全国統一大学入試　127, 149
　――制度　148, 149, 151
全国統一の教材　190
全国民族工作会議　98, 150
潜在能力　139, 140
洗脳教育　101
全民族の素質を高める　127
専門学院　74
専門的能力　129
戦略的任務　114
草原の開発　111
草原文化　15
総合実践活動　128
双語教育政策　150
走西口　109
ソウニッド旗　65, 69, 70
曹錕軍　58
造反有理　169
祖国を愛する　172
素質教育　13, 17, 118, 125, 126, 130-133, 136, 138-140, 149
　――改革　127

索　引

　　──政策　137
『素質教育』　130
『素質教育研究』　130
『素質教育大課堂』　130
ゾソト盟　58
ゾドバーラサン（密教）　35
ソム（郡）　153, 160
ソ連　167
＊孫文　7, 58, 67

た　行

第5回国内勧業博覧会　58
第40回全日本仏教徒会議神奈川大会　39
対外開放　126
大学進学　152
大学入学資格　105
大家族　191
大漢族主義　5, 66, 67
『大蔵経』　35, 36, 38
大都（元朝の首都）　29
体罰の禁止　107
大躍進・大躍進期　105, 110
多元一体　1, 4, 5, 10-12, 14, 15, 17, 18, 100, 145, 185, 187, 188, 191
タヒル　33
多文化教育の世界的潮流　13
＊ダライ・ラマ　30, 39
男子学校　52
タンジュール　36, 38
男女平等教育　74
地下資源　88
地球温暖化　110
知識観　126
知識偏重　118
知的素質　138
チベット語　36, 101
チベット騒乱　100
チベット仏教　28, 30, 35, 36, 39
　　──ゲルク派　32
　　──サキャ派　30

──文化圏　27
地方や学校毎のカリキュラム　128
チャハル省　65, 71
チャハル青年学校　71
チャレンジ精神　187
中央集権　98
中華人民共和国　16
　　──改定義務教育法（新法）　147
　　──義務教育法（旧法）　17, 107
　　──教育法　5
　　──居民　8
　　──憲法　3, 94, 96
　　──民族区域自治実施綱要　96
　　──民族区域自治法　97
中華ソビエト共和国憲法大綱　96
中華ソビエト憲法　93
中華文化　58, 190, 191
中華民国　31
中華民族（中国民族）　2, 5, 7-9, 66, 67, 80, 82, 94, 158, 189
　　──一元論　67
　　──多元一体構造論　1, 3, 5, 100, 145
中華連邦　93
中国56民族　43
中国化　166
中国教育改革・発展要綱　115, 119
中国共産党を愛する　172
中国社会主義思想道徳　177, 179
中国少数民族漢語レベル等級試験（MHK）　7, 152
中国人　8, 11, 118, 133, 153, 159, 186, 187
中国政府首脳部　102
中国的社会主義国　89
「中国を離脱する」分離権　94
＊趙氏　181
＊張徳輝　29
＊チョジオドセル国師　37
闖関　109
＊チンギス・ハーン　26, 28, 46, 82, 156, 159
通信コース　71

219

＊ツォンカパ大師　32
　　ツルゲ　29
　　定住放牧生活　153
　　出稼ぎ労働者　140
　　敵人史　2, 82
　＊テムゲト（特木格図）　60, 68
　＊デューイ　53
　　天保工程　78, 114
　　伝統文化（文化的伝統）　3, 15, 17, 79, 85, 89,
　　　　98, 102, 126, 133, 134, 138, 145, 169, 176
　　　――重視　13
　　電話調査　120
　＊ト・ハスバガン　132
　　統一（統合）　3, 10, 82, 89, 155, 171, 182
　　統一多民族国家　155
　　統一的　149
　　　――教材　133
　　同化政策　167
　　十日間戦争　99
　　同化論　66
　＊陶行知　53
　　統合教育政策　9
　　同窓談話会　57
　　道徳教育　125
　　道徳的素質　138
　　動物的欲求　140
　＊図王　65
　＊徳王（徳穆楚克棟魯普）　16, 65, 66, 68, 69,
　　　　71, 74, 108, 186
　　特設専修科（専修科）　55, 56
　　特別支援学校　119
　　特別優遇措置　102
　　都市流入農民　118
　　土地の開墾　88, 111
　　共働き家庭　140
　＊鳥居龍蔵　57

　　　　　　な　行

　　内人党（内モンゴル人民党）　108, 109, 170
　　　――事件　7, 26, 80, 81, 85, 88, 110, 168, 169

　　怠け者　88
　＊ナムジラスロン親王　65
　　二言語併用教育政策　10
　　日露戦争　58
　　担い手　6, 10, 154, 170, 175
　　206案件　109, 170
　　入仏門　34
　　牛鬼蛇神　167, 169, 170
　　人間と天地・自然と調和する　180
　　熱河を境に自治を実行する　60
　　熱心招待, 冷戦考慮　170
　＊ネルー, ジャワハルラール　36
　　農業　78, 85
　　農業政策　153
　　農業生産　84
　　農村・山間地域（農業地域）　83, 85, 127,
　　　　134, 135, 140
　　農村基礎教育の管理体制改革の若干の問題に
　　　　関する意見　108
　　農村義務教育　119
　　　――経費の確保　113

　　　　　　は　行

　　拝金主義　126, 132, 178, 181
　　売国奴　66
　　バイリンガル教育　10, 11
　　バグシ　32, 34
　　白毛風　110
　＊ハスエリドン　9
　＊ハスゲレル　10
　＊パスパ　28, 29
　　パスパ文字　29
　＊パゼドウトラップ　102
　　80後・90後　132, 181
　＊バトムンケ・ダヤン・ハーン　30
　　離れてはいけない三つ　8
　　母親の教育　51
　　バヤンノール盟師範学校　70
　　バリン旗王　58
　　反右派闘争　166

索　引

反革命　26, 170
反国民教育　101
反日運動　181
半牧半農　78, 83, 85, 153
被害者的な立場　88, 114
＊費孝通　1, 5
非識字者人口　127
非重点学校　117
人と文化のネットワーク　13
人の力で自然を変える　166
一人っ子政策　134
百年戦争　98
貧困地域（貧困地区）　114, 119, 120
＊ビントゥ王　65
＊福島安正　50
普通学校　77, 83, 154
仏教踊り　36
仏教教育　26, 37
仏教経典　39
＊仏スチン太子　39
仏弟子（ボルハンナイシャビ）　33, 34
＊フビライ・ハーン　28
フランス人　98, 99
文化大革命　16, 26, 27, 85, 105, 107-109, 159, 166, 168, 170, 181
文化の差異　133
文化の中断（文化的断裂）　146, 154
文化の伝達（文化の媒介者）　11, 186, 189
文明礼儀　174
北京蒙蔵専門学校　43, 60, 68
＊ベ・リンチ　38
＊ヘシグボイン　38
辺境施策綱要　67
辺境地区　119
弁論学科（チョロワーラサン）　35
法綱を破る　137
放牧地域（放牧地帯）　83, 110, 154
ボート青年学校　69
牧禁政策（放牧禁止政策）　88, 114
北元　16, 25

──朝　109
牧畜主階級　167
ボシュニャク人　100
補償　116
ボスニア・ヘルツェゴビナ紛争　100
ホルチン左翼中旗　65
『ボロルトリ（水晶鑑）』　39
香港　101
『本義必用経』　35

ま　行

＊マルクス　166, 167
ミクツェマ（恩徳讃）　32
未成年者保護法　115
身分証　111
民営教育促進法　115
民族意識　1, 12, 80, 83, 89, 145, 155, 170, 179
　──に関する実態調査　3, 13, 77, 78, 159
民族衣装　83
民族学校　68, 75, 77, 78, 83, 97, 98, 113, 146, 153, 154
　──の回復　14
民族教育　75, 109, 117, 120, 159
　──を発展させる指導綱要　155
民族区域自治　94
民族識別工作　94, 95
民族自治政府　94
民族集団殺害（ジェノサイド・民族大虐殺）　100, 170
民族政策　9, 12, 94
民族団結　157, 176
民族統一　79, 93
民族独立運動　59
民族の一律平等　97
民族文化　1, 179
「民族を救う」　50
息子の出世を願う　134
盟旗制度　45
明治維新　47, 99
＊メルゲン・ゲゲン　38

221

メルゲン・ジョー　36
『蒙漢合璧五方元音』　68
蒙蔵院　60
蒙古私塾　44
蒙古留日同郷会　74
蒙古聯盟自治政府　70
　　──選派官員赴日留学弁法　70
　　──選派留日規程　70
＊毛沢東　4, 36, 93, 94, 109, 166, 167, 170, 176, 180
『毛沢東語録』　169
盲流　169
盲聾学校　119
文字改革　150
＊モロントイン（モンコレン，モンゴルジボー）　25
　モンゴル八旗　31
　　──の子弟　31
　モンゴル旗　60
　モンゴル共和国　26
　モンゴル語（モンゴル文字）　29, 37, 38, 160
　　──（母語）の教科書　2, 6
　　──印版　60, 68
　　──訳経典　36
　　──で教育を受けたものは除く　160
『モンゴル語人物伝』　57
　モンゴル寺院　34-36
　モンゴル相撲　158
　モンゴル草原・モンゴル高原　30, 46, 61, 65, 89
　モンゴル帝国　16, 25, 26, 32, 35
　モンゴルの歴史　109
　モンゴル仏教　16, 25-27, 31, 35, 36, 47, 179, 180
　　──文化圏　27, 28
　モンゴル復興　61, 69
　モンゴル文化　89, 109
　モンゴル民主共和国　167
　モンゴル民族学校（モンゴル学校）　3, 34, 109, 133, 149

モンゴル民族愚蒙化政策　59
モンゴル民族高等学校　101

や・ら・わ行

役所の知り合いに頼む　134
八つの方策　54
山に近い人は山に頼って生活する　136
＊熊希齢　60
優遇施策（優先・優遇政策）　9, 77, 86, 109
融合　190, 191
ユーゴスラビア連邦　99
遊牧　15, 78, 109, 153
ヨーロッパの火薬庫　99
予備コース　71
『四大金剛』　35
四大著書　156
＊蕾鋒　171
ラサン（学科）　34
ラマ　27, 51, 167
立法機関　101
理藩院　45
留学　54, 60, 74, 75, 138, 167
留日官（公）費生　70
＊梁啓超　7
両主一公　148
臨時大総統就任宣言　8
倫理道徳　25
＊レーニン　167
歴史教科書　2, 82
練兵学校　50
『老三篇』『老五篇』　170
労働技能的素質　138
労働を愛する　173
＊ロバソンダンジン国師　39
＊ロブスダンビジャルサン　38
賄賂　178
和諧社会　1, 5, 14, 15, 145, 187, 185, 188, 191
＊王旺都特那睦吉勒（ワンドゴトナムジラ）　46

◎著者紹介◎

ウルゲン

1967年内モンゴル自治区烏特中旗生まれ。1989年，内モンゴル師範大学卒業。モンゴル民族中学校でモンゴル語（母語）教師を経て，2013年，佛教大学大学院教育研究科生涯教育専攻博士後期課程修了，博士（教育）。現在，モンゴル式整体師。

佛教大学研究叢書 24

中国におけるモンゴル民族の学校教育

2015（平成27）年2月20日発行

定価：本体6,500円（税別）

著　者	ウルゲン
発行者	佛教大学長　山極伸之
発行所	佛教大学

〒603-8301　京都市北区紫野北花ノ坊町96
電話075-491-2141（代表）

制　作
発　売　株式会社　ミネルヴァ書房

〒607-8494　京都市山科区日ノ岡堤谷町1
電話075-581-5191（代表）

印　刷　亜細亜印刷株式会社
製　本　新生製本株式会社

Ⓒ Bukkyo University, 2015　ISBN978-4-623-07248-4　C3037

『佛教大学研究叢書』の刊行にあたって

二十一世紀をむかえ、高等教育をめぐる課題は様々な様相を呈してきています。科学技術の急速な発展は、社会のグローバル化、情報化を著しく促進し、日本全体が知的基盤の確立に大きく動き出しています。そのような中、高等教育機関である大学に対し、「大学の使命」を明確に社会に発信していくことが求められています。

本学では、こうした状況や課題に対処すべく、本学の建学の理念を高揚し、学術研究の振興に資するため、顕著な業績をあげた本学有縁の研究者に対する助成事業として、平成十五年四月に「佛教大学学術振興資金」の制度を設けました。本『佛教大学研究叢書』の刊行は、「学術賞の贈呈」と並び、学術振興資金による事業の大きな柱となっています。

多年にわたる研究の成果は、研究者個人の功績であることは勿論ですが、同時に本学の貴重な知的財産としてこれを蓄積し活用していく必要があります。また、叢書として刊行することにより、研究成果を社会に発信し、二十一世紀の知的基盤社会を豊かに発展させることに貢献するとともに、大学の知を創出していく取り組みとなるよう、今後も継続してまいります。

佛教大学